汉字中的地理课

邱磊 著

邦农秋千

江西教育出版社
JIANGXI EDUCATION PUBLISHING HOUSE
·南昌·

赣版权登字-02-2025-048

图书在版编目（CIP）数据

农邦千秋 / 邱磊著. -- 南昌 : 江西教育出版社, 2025. 4. -- (汉字中的地理课). -- ISBN 978-7-5705-4776-0

Ⅰ. K9-49

中国国家版本馆CIP数据核字第2024DR4248号

汉字中的地理课 · 农邦千秋
HANZI ZHONG DE DILI KE · NONGBANG QIANQIU
邱 磊 著

江西教育出版社出版
（南昌市学府大道 299 号　邮编：330038）

出 品 人：熊　炽
责任编辑：俞霖霞

各地新华书店经销
江西千叶彩印有限公司印刷
710 毫米 ×1000 毫米　16 开本　8.75 印张　90.5 千字
2025 年 4 月第 1 版　2025 年 4 月第 1 次印刷

ISBN 978-7-5705-4776-0
定价：35.00 元

赣教版图书如有印装质量问题，请联系我社调换　电话：0791-86710427
总编室电话：0791-86705643　编辑部电话：0791-86708350
投稿邮箱：JXJYCBS@163.com　网址：http://www.jxeph.com

播撒地理之种

2021年，邱磊老师的“古诗词中的地理课”系列一完稿，我便欣然写了序。2025年，他又有了新作“汉字中的地理课”系列。这既让我感到惊讶和高兴，又觉得合乎情理。近些年来，他笔耕不辍，也该到收获的时节了。

十年前，我们在上海的一次学术会议上相识。当时，听到他对中华优秀传统文化与地理的联结感兴趣并已做了初步探索，我便鼓励他朝这个方向不断挖掘下去。从国家意志的层面上说，推动中华优秀传统文化入校园、入课堂、入教材，业已成为新时代的重要命题。自2014年教育部印发《完善中华优秀传统文化教育指导纲要》以来，中共中央办公厅、国务院办公厅、教育部、中国教育学会等多个部门（机构）多次下发相关文件，呼吁广大教育同人不断推动和深化这一研究方向。可以说，邱磊老师的学术志趣，正合乎时代大势，是新课标、新教材、新高考背景下的有益探索，同时对每一名青少年及其背后的家庭教育，都是有所帮助的。

“汉字中的地理课”系列共有《苍穹天文》《地脉万象》

《农邦千秋》和《市井烟火》4册，分别对应着天文、地形、农业、城市四个板块。它们之间存在着紧密的联系（如下图所示）。这种联系将地理学科的综合性与区域性，以汉字为媒介，在不同的维度上予以展示，打造了一门有别于普通教材的魅力课程。

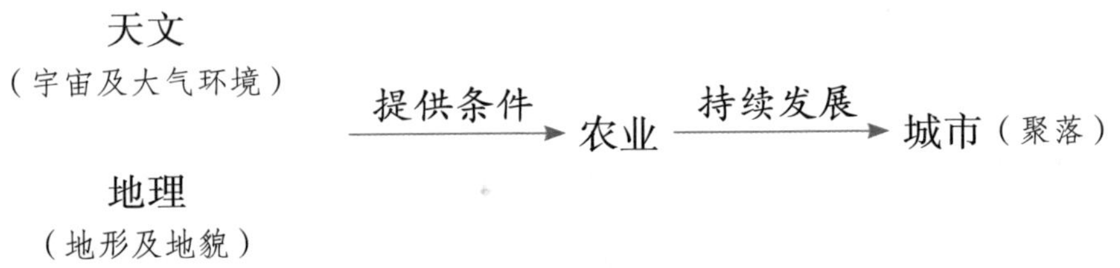

这套书的创意，在于引入了汉字知识，及其背后的文化、历史资源。地理的信息载体、思维建构、意义创生，都在新情景的浸润之下，来了个“华丽的转身”。比如，汉字可以展现科学思维。在《苍穹天文》一册中，邱老师提到昼夜的“昼”字：甲骨文为“”，上部的“”，形如一只握笔的手正奋力书写；下部是表示太阳的符号“⊙”。古人通过观察太阳的不同位置和高度，巧妙地将“昼”描绘成“旦—晨—杲—晌—昃—暮”的动态过程。这些汉字“串”起来，就是一幅画面感、想象力十足的太阳视运动轨迹图。换句话说，古人以有形有色的“空间”，来表达看不见摸不着的“时间”。这种统一的时空观，扩大到极致，就是宇宙观。我们不难发现，地理学科独有的思维，正以汉字做载体，外化成有滋有味有底蕴的文化，滋养着每一个中华儿女。

再从汉字的角度看地理这门学科，你会感觉它很有温情。比如，“月”字为什么写成“☽”，而不是反过来的“☾”呢？书中介绍，“☽”出现在华灯初上、“对影成三人”的良辰，“☾”则升起于“江枫渔火对愁眠”的午夜之后。哪个更为人们所熟悉、传颂并记录呢？答案不言自明。地理知识亦由此具备了“温度”，它的生活性、思辨性和文化性渐次展开，彰显了素养培育、生命厚植的育人价值。

汉字还是活的社会化石。甲骨文中的山川日月、飞禽走兽等，都形象地展示了社会发展的面貌。比如“独”（代表唯一）和“群”（代表众多），本义相反，且一个是犬字旁，一个是羊字旁。究其根源，这是对古代放牧场景的“文化回忆”：一只兢兢业业的牧羊犬在茫茫草原上来回奔跑，赶着成群结队的“喜羊羊”“美羊羊”“沸羊羊”……这些内容，我们可以在《农邦千秋》中找到。

我们读着读着就会发现，汉字与地理均具有“至大无外，至小无内”的相似性——它们的囊括面广，时空、人事、世理都被一网打尽。通过瑰丽、厚实且神秘的汉字，来拆解、重组和复现地理知识与地理原理，这种独辟蹊径之举，不但需要脑洞大开的思考，更需日久弥坚的努力。虽然中学的地理教材中偶有汉字辅助教学，比如黄河干流呈“几”字形、行政区域的简称等，但其并不涉及汉字内部的音、形、义，缺乏历史和文化上的价值解读。现在这套书做的，正是这样的探索——借助文字学、文化学平台，实现汉字与地理教学的深度融合，让孩子们发现地理之美，研习地理之妙，享受地理之乐，笃定地理之志。

愿邱磊老师的研究与努力，能得到更多读者的喜爱，也愿更多的小朋友、大朋友、老朋友，从这套书开始，在心中播撒下地理的种子。

华东师范大学教授、上海市特级教师、
中国教育学会地理教学专业委员会原副
理事长兼秘书长　陈胜庆

你的世界，由汉字点亮

亲爱的朋友，每天使用的汉字你一定很熟悉，但你真的“熟悉”她吗？如果我说有一个字，让你一秒钟可以画出世上最具象却也最抽象的画，你信吗？如果我说有一个字让你一秒钟，可以奏出世上最动听却也最悲婉的旋律，你信吗？如果我再说有一个字，让你一秒钟，可以在茹毛饮血的历史之源与昌盛发达的现代文明之间穿梭，感怀生命，汲取智慧，你信吗？

也许，你会觉得这是痴人说梦吧。汉字，有这么神奇吗？当她被造出来时，西汉《淮南子》一书用六个字来形容：“天雨粟，鬼夜哭。”意思是说，仓颉创造出文字时，谷粒像雨一样从天而降，无数的鬼魂在暗夜中痛哭流涕。感觉好神奇啊！可是，何来此说呢？因为传说中，自仓颉第一次把文字刻画在龟甲或兽骨上起，人类从此留下了思想的印记，可以一代代地累积知识、增长智慧、传播文明。文字把人类理性启蒙、探索世界的大门，撬开了一道缝。民智逐渐开启，文明迭代繁荣。

你或许仍觉得这太夸张了吧，文字真有这般神奇的力量吗？你要知道，在我国百万年的人类史中，能被称为文明史的部分，不过五千多年。在这五千多年中，文字成了维系无数代人心智、情感、认知、观念、精神的核心纽带，成了这个世界沧海桑田、革故鼎新、生生不息的关键见证。她的意义，难道不强于《淮南子》所言的千百倍吗？

也许你会问，汉字不是数千种文字中的一种吗？是的。可我们从文明的源头看，历数那些灿烂文明的重要载体——古巴比伦的楔形文字、古埃及的象形文字及古印度的印章文，如今都消失在历史的烟尘中，成了常人不能读、不能认，更不能写的“艺术品”。唯有汉字成了远古文明与现代文明的见证。她的造字原理、结构、含义、发音，以及在科学、美学、文化和艺术上的高超智慧，是一座巨大的矿藏，世人取之不尽、用之不竭。

汉字在形成之初，多以象形和指事为主（约占70%），几乎可以说一个字就是一幅图。比如，日月、山川、河流、草木、鸟兽等自然事物，人口、城市、农业、手工业、建筑等社会事物，都是造字的对象。毫不夸张地说，我们随手写下的每一个字，既有精确的符号意义，又是一幅有着高超艺术水准的抽象画。

汉字的文化理性，使她具有鲜明的表达逻辑和想象张力。她既可以诠释天籁般的自然韵律，也可以被视作人伦真情的具象表达。

汉字的文化感性，使她有共生的天地情怀和家国视野。我们剖析汉字的本义、引申义，乃至字形的演变，会看到清晰的历史脉络，嗅到芬芳的乡土气息，悟到深邃的哲思义理。

如此说来，这套书怎么不有趣呢！它是绘画书、音乐书、历史书，更是发现天地大美、中华大美、文化大美的“汉字地理书”。

毫不夸张地说，我们可以用汉字把中国的风土人情、区域特征、自然风貌统统给“画”出来。事实上，汉字的发展若从甲骨文算起，大致经历了金文、篆书、隶书、楷书、草书、行书等几个阶段，数量也从开始的四五千个发展到现今的约十万个。在三千多年的积累和演进过程中，先人把对自然和社会的观察、研究和描述，浓缩在无数个小方块中，也把对生活、生命的感悟，镌刻于方寸之间。透过一个字，我们足以穿梭古今；透过一个字，我们足以俯瞰天地。

所以，亲爱的朋友，把汉字读懂、读透，是我们学习地理、学习历史文化的好方法。因为，每一个汉字都藏着精妙、奇趣、丰富的乾坤，每一个汉字都自带光芒，照向生命那未知的远方。

你的世界，由汉字点亮。

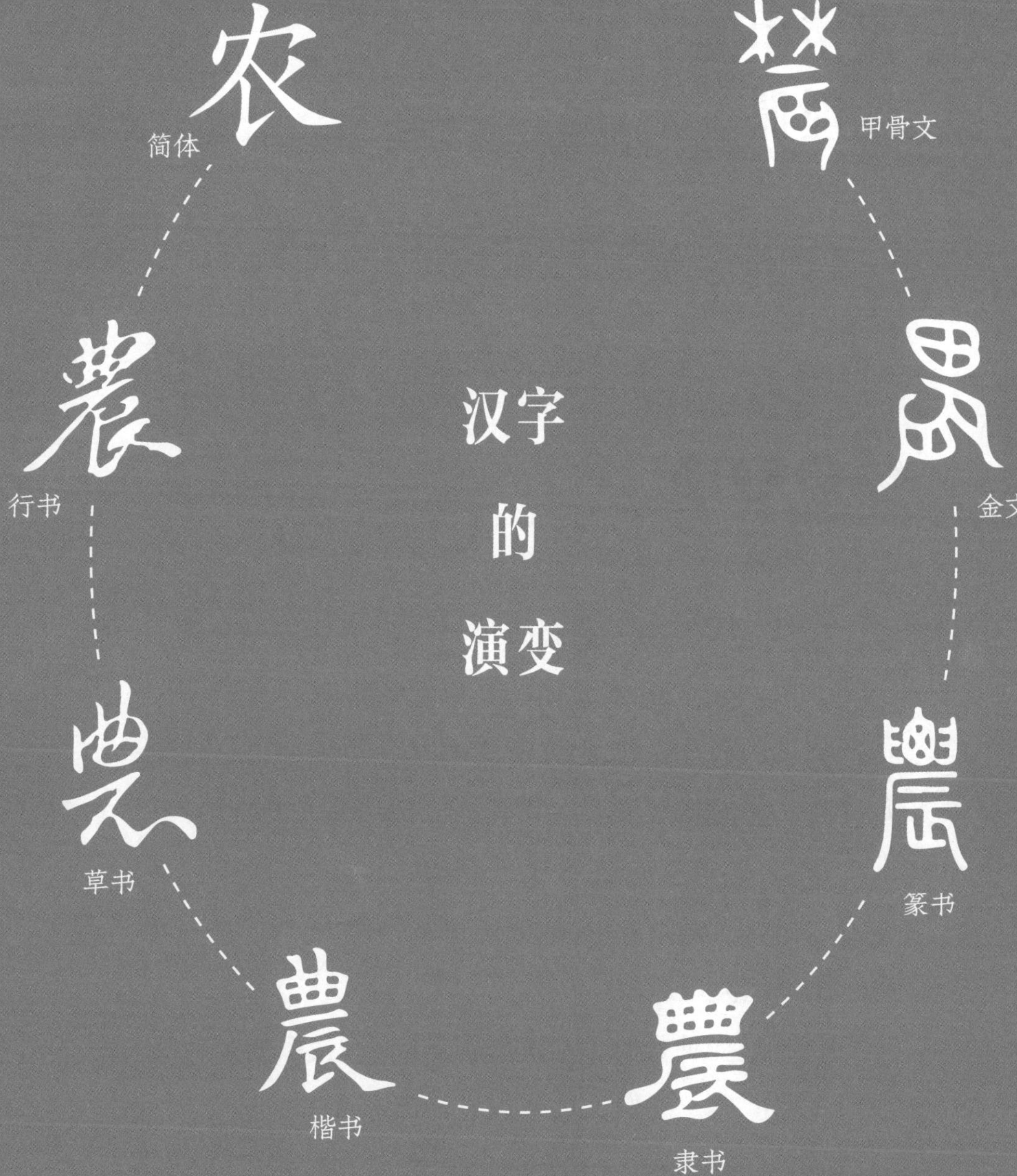
汉字的演变
甲骨文
金文
篆书
隶书
楷书
草书
行书
简体
农

汉字中的
地理课

农邦千秋

在华夏大地上，我们的祖先摆脱了荒蛮——圣人引领文明，先贤传承文化，万众创造历史。在跌宕起伏的历史大潮中，农业对稳定国家、繁荣经济、造福百姓和文化的灿烂发展，具有不可替代的关键作用。

中国人至今仍然熟知“春生、夏长、秋收、冬藏”，常常诵读“风吹草低见牛羊”以及“君看一叶舟，出没风波里”。

农业是如何塑造我们的？它与地理关系如何？它如何改变世界，我们又如何因它而改变呢？

目 录

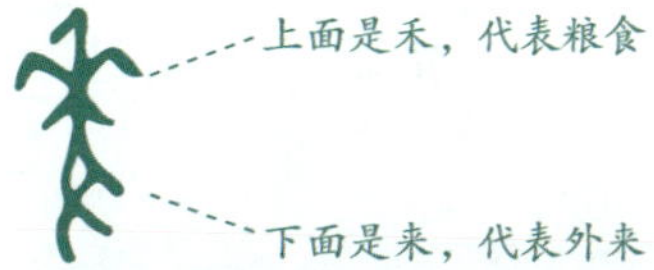

第一章 灿烂的耕作业

第二章 伟大的畜牧业

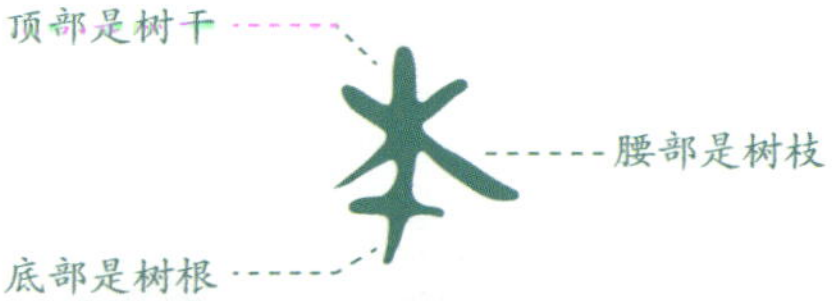

第三章 多彩的林果业

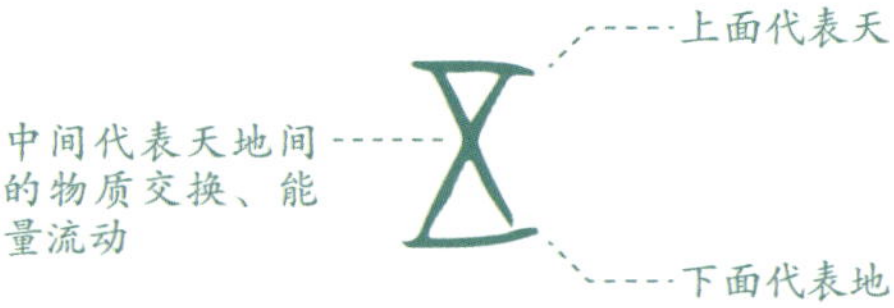

第四章 深厚的农业文化

第一章

灿烂的耕作业

本章思维导图

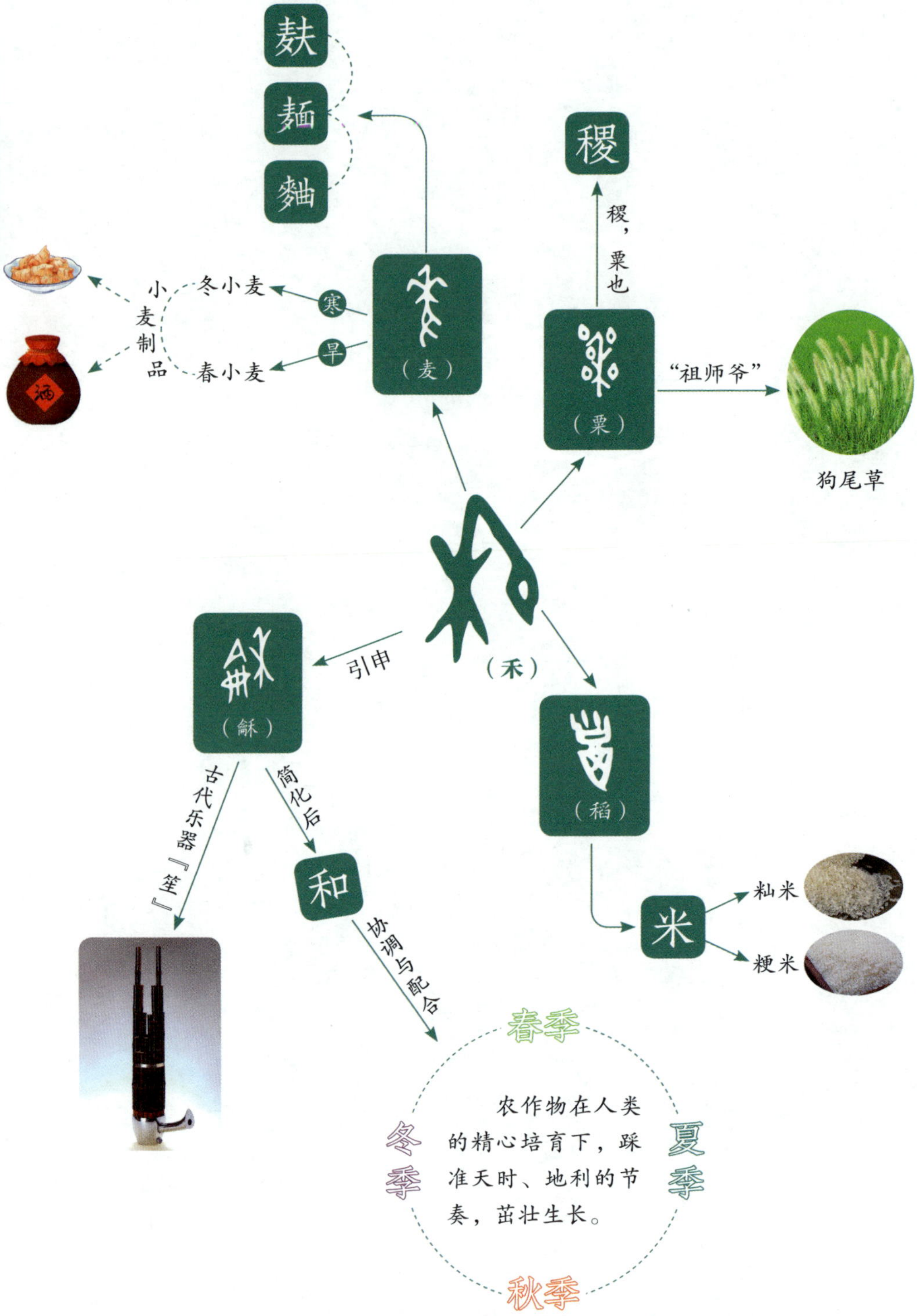

麸
麺
麯
（麦）
寒
冬小麦
旱
春小麦
小麦制品
稷
稷，粟也
（粟）
“祖师爷”
狗尾草
（禾）
引申
（龢）
古代乐器『笙』
简化后
和
协调与配合
（稻）
米
籼米
粳米
春季
夏季
秋季
冬季
农作物在人类的精心培育下，踩准天时、地利的节奏，茁壮生长。

[字源]

禾，嘉谷也。二月始生，八月而孰，得时之中，故谓之禾。

——《说文解字》

[字解]

“禾”字的甲骨文字形，很像垂穗的庄稼。“”代表禾的茎秆、枝叶、侧根、须根，茎秆顶部是下垂的穗子“”。这正是禾的特点。结了穗的“禾”的头部变得沉重，就压弯了主干，垂了下来。《说文解字》对该字的解释很有代表性：“禾，美好的谷子。二月开始发芽生长，到八月成熟，得四时中和之气，所以叫它禾。”

“禾”是一个重要的汉字偏旁，但名字却叫“禾木旁”，因为“禾”与“木”很相似，二字只有一撇的区别。但这“一撇”正是“禾”字的精华：它代表着种子，也代表着沉甸甸的收获和满满的希望。

[字变]

甲骨文　金文1　金文2　战国文字　篆书　隶书

[字说地理]

“禾”的神秘面纱

人生于天地之间，与花草共枯荣，与草木同春秋。从新石器时代开始，越来越有智慧的人类逐渐驯化了一些植物为己所用，其中的一部分就成了今天的食物和衣物的原料。简单地说，我们可以把这种驯化过程，理解为农业的雏形。

我国从古至今都是一个农业大国，反映在汉字中，就表现为与“禾”有关的字很多。例如，庄稼的“稼”、稻子的“稻”、季节的“季”、税赋的“税”（税赋最初就是缴纳粮食）、种子的“种”等。

作为重农的国家，我国古人很早就广种粮食，“民以食为天”，粮食不仅是人们重要的生存基础，对国家稳定、社会发展也意义重大。

文化加餐

风禾尽起

相传在西周时期，周武王去世后，周公辅佐年幼的周成王执政。当时，周武王的弟弟管叔、蔡叔散布流言，说周公有篡位之心，还发动了叛乱，均被周公平定。但是，周成王却因为听信谗言，怀疑周公的忠诚，逼他“下岗”。

当时，天上雷电大作，狂风四起，田里的禾苗纷纷被吹倒，连大树也被连根拔起。之后，成王发现了周公的忠诚，迎回周公。于是，一件神奇的事情发生了：大风居然把倒下的禾苗重新吹起。此后，国家发展也渐渐步入正轨。

这个故事出自儒家经典之一的《尚书·金縢》，后化为成语“风禾尽起”，比喻事情顺应天意，得到天助。从地理的角度说，这揭示了一个简单的道理：自然条件对农业的影响非常深远。

汉代虽然已经有丝绸之路可通西域，但山隔路阻，行旅艰险。我国西南部有世界上最高的山脉——喜马拉雅山脉，东部和东南沿海有长1.8万多千米的海岸线，但风疾浪恶，浩瀚无垠。大家常听到的“四海”“海内”等词，其实也说明中国被“围困”于大陆之上。我们的祖先固守土地，世世代代以农业为本、以耕作为业，而“禾”就是最重要的耕作对象。

相比之下，西欧的自然环境在对外联通方面更为便利。西欧的地形以平原为主，丘陵与平原间杂，有山有水，且山不太高，既适合各类植物生长，又不会成为交通阻碍；河流可用于灌溉，也有利于交通业的发展。西欧丘陵间的河谷盆地，土壤极为肥沃，适于种植各种庄稼。此外，西欧还有许多适于农耕的平地，山地、森林资源的受保护程度较高。

西欧另一有利条件是海洋深入腹地。由于海洋的调节作用，西欧的气候比同纬度的其他地区要暖和得多。西欧的年均降水量虽不及我国南部多，但在多数情况下是高于我国北部的，足以满足农业灌溉需求。西欧的丘陵、山地上覆盖着大片森林与草地，既能为人类提供所需的建材、燃料，也为发展畜牧业创造了条件。

◎北爱尔兰一处牧场

正是因为在种植的自然条件上稍显逊色，所以我国不得不在“后天”上努力。《说文解字》中的“得时之中”便是例证。在人们的精心打理下，“禾”在春季发芽，在秋季结穗，生长的每一步都踩准了大自然的节奏。“得时之中”反映出我们祖先已能恰当地把握和运用农时。

◎“圭”字的外形与尺子上的刻度相似

二十四节气便是人们把握与运用农时的例证，它的形成与土圭的使用密切相关。土圭是古代一种测量日影长短的工具。人们在观察中发现，土圭的杆影会在夏季的某一天中达到最短，而后越来越长，天气也随之越来越凉；而在冬季的某一天中，土圭的杆影会达到最长，而后越来越短，天气也随之越来越热。于是，人们就给这两个特殊的日子取名为“日至”。“至”，即“达到极限”。为了把两个“至”区分开来，人们就把夏天的日至称作夏至，冬天的日至称作冬至。后来，人们又发现了两个特殊的日子。在这两日中，昼和夜的时长完全相等，人们便将其起名为“春分”和“秋分”。“分”，即“昼夜平分”。“两至”“两分”确定后，表示四个季节开始的四个节气，立春、立夏、立秋、立冬也相继确定。到西汉时期，《淮南子·天文训》中已经完整记载了二十四节气。

基于多种因素综合确定的二十四节气，以及每一节气对应的具体生产任务像是一个有机的整体，有着内在的逻辑和规律，我们可以用“和”字来描述它们之间的关系。“和”字的早期写法是“”，右边正是“禾”（“”），左边的“”在甲骨文中的字形像是由多根竹管编排而成的乐器。“”今天仍然存在，写作“龢”。很多读者或许不认识，但说到光绪皇帝的老师翁同龢，大家应该就有印象了。

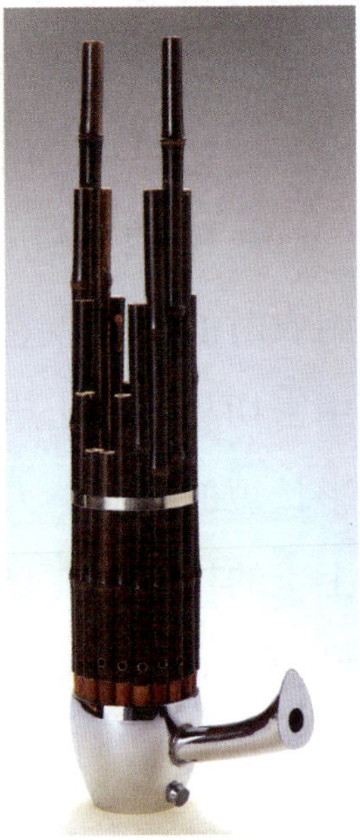
◎乐器“笙”

“和”字本作“龢”，到了秦汉以后，为书写方便，人们才将“龠”简化为一个“口”。“龢”象征着由不同音调组成的音乐，代表协调。在农业中，每一种农作物的健康生长，都需要多种自然、非自然因素的协调与配合。对于农耕劳作，我们需要“得时之中”，不可早、不可迟、不可过、不可无，用正确的方式为农作物生长提供帮助。

严酷的筛选

不过，当你很努力地“伺候”植物时，还有一种威胁同样不容忽视——自然灾害，比如大旱、洪水等。农业是脆弱的，很多时候都需要看老天爷的脸色。每年春节，农户张贴的对联大多与“风调雨顺”有关，这代表着他们对土地、对庄稼、对未来的美好愿望。

人们是冒着一定风险从事农业劳动的，为了最大化地获得劳动果实，人们对农作物的要求自然也就很高。“禾”被称作“嘉谷”，代表着它对大自然的适应性强，能在不同的土壤和气候条件下生长，或是在同等条件下比别的农作物长得更好。

“禾”在古代最初指粟，也叫小米。据《拾遗记》记载，上古时代曾有一只周身通红的神鸟衔着一棵五彩九穗谷，在飞过神农氏头顶时，九穗谷掉在了地上。神农氏将谷子埋在地里，后来长出了一片谷物。他觉得谷物很好吃，便教人们开垦土地，种植谷物，粟便由此而来。

当然，这是神话故事。粟属于禾本科狗尾草属，从地理分布上说，早期自然状态下的西亚、北美地区均没有发现粟。粟，或小米，是由狗尾草人工驯化而来的。直至今天，粟在我国西北地区依然发挥着重要作用。

如果你在农村生活过，就一定对狗尾草不陌生，原因无他，只因太常见了。那么，它怎么就成了小米的“祖师爷”呢？

◎狗尾草

◎粟

狗尾草演变成小米是自然选择与人工选择双重作用下的结果。古时由于食物短缺，人们经常会到山上挖野草、采野果、收集植物的种子食用，甚至连树皮也不放过。在寻找食物的过程中，人们发现狗尾草的子实口感较好，便开始有意识地播种。

从自然条件看，我国北方地区是中原文化重要的发源地之一，那里光照充足，但干旱缺水的特征也比较显著，尤其是黄土高原。黄土高原处在沿海向内陆、平原向高原过渡的地带，自南向北跨越暖温带、中温带，又自东向西横贯半湿润区、半干旱区和干旱区。

那黄土高原厚厚的黄土是哪里来的呢？比较公认的说法是“风成说”。中亚、蒙古高原和我国西北部内陆地区气候干燥，地面岩石经风化作用，形成了大量的细小沙尘颗粒。这些沙尘随风东移南下，当风力减弱或遇到山脉阻挡时，便纷纷扬扬地降落下来，年复一年，才形成了今天的黄土高原。

◎黄土高原地貌

要是有一种植物可以在这样的环境下茁壮生长，那就太好了，狗尾草正符合条件。它生命力顽强，一栽到土地里就迅速生长，这在农谚“只有青山干死竹，未见地里旱死粟”中可见一斑。就这样，人们发现了狗尾草具有作为粮食的潜在优势。

“粟”养天下

狗尾草也叫莠，在刚长出来的时候和粟的幼苗很难区分，成语“良莠不分”便由此而来。发现狗尾草子实可食用后，人们精心挑选、采集生长旺盛、子实饱满的狗尾草，种植在居住地周围。慢慢地，狗尾草的优良性状不断得到强化和积累、越长越高大，最后形成了新的粮食作物——粟。

起源于狗尾草的粟，其种子也很小。苏轼在《赤壁赋》中写道：“寄蜉蝣于天地，渺沧海之一粟。”意思是说我们如同蜉蝣置身于广阔的天地中，像沧海中的一颗谷粒那样渺小。粟的种子小如沙粒，所以也有人将“粟”解释为“沙子”。

粟的种子虽然小，但营养丰富，深受人们喜爱，被誉为“五谷之首”。古代被驯化的植物有不少，并非只有粟，为什么偏偏它被称作“五谷之首”呢？答案隐含在“粟”的甲骨文写法中。

◎“粟”的甲骨文

整个字像庄稼“”，周围长满了子实“”，具有“满”的寓义。“春种一粒粟，秋收万颗子”不是夸张，倒更可能是写实。据统计，一株粟有数十至上百个小穗，每株结实量通常为数百至上千粒，南宋理学家朱熹也说过“一穗百粒”。粟超强的繁殖能力使它身价百倍，成为百谷之长。

司马迁在《史记》中记载了“不食周粟”的故事：周武王平定商朝后，天下诸侯归顺周朝，但伯夷认为周武王的这种行为是可耻的。于是，他与弟弟叔齐决定不再吃周朝的粮食，即粟。两人隐居在首阳山，专靠吃山上的野菜生存。

◎“稷”的金文

从“不食周粟”的故事中不难看出，粟至少在周朝就已经是人们的主粮了。粟与“稷”联系紧密。《尔雅·释草》中提到：“粢，稷。”三国时孙炎注曰：“稷，粟也。”认为稷就是粟，后与社并祭，合称“社稷”，成为国家的象征。社稷的“稷”，其金文是“”，左边是“禾”，右边的形态与后来的“畟”相似。“畟”有深耕的意思，在这里与“禾”结合，可能表示谷物的种植、培育等农事活动。由此可见，稷与古代农业生产也有着紧密的联系。

古人祭祀主要是祈求神灵保佑农田丰收。农业的一大不稳定因素是气候。季风气候影响下的农作区，有时风雨连绵，水漫金山；有时又骄阳如火，久旱无雨。当然，也有风调雨顺、五谷丰登的年份，只可惜并不常见。

无奈之下，人们只好向上苍祷告。传说“谷神”就是后稷（“后”是“君王”的意思）。据《史记·周本记》记载，后稷原名叫弃，因被认为是不祥之人，曾一度被母亲丢弃。然而他似乎得到了神明的护佑，牛马不踩踏他，飞禽还为他遮挡风寒，最终母亲将他抱回，悉心抚养。弃天赋异禀，能够辨别不同的谷物，收集各类种子，并成功种植。他还热心地将农业技术传授给他人。由于他在发展农业方面的卓越贡献，尧帝赐封他领地“部”（今陕西省武功县）。这片土地孕育了周民族，后来周朝在此兴起。

“稷”这个字，既代表着谷物的开拓者，也代表着重要的粮食——粟。

自豪地说，不仅在周朝，也不仅在我国，“粟”或“稷”已经在全世界扎根，养活了无数人。这一点可以在文字或语言中找到证据：“粟”在梵文中写作“Cinake”，意为“中国的”，在印地语中写作“Chena”或“Cheen”，有人认为这三种“粟”的叫法都是“秦”的谐音。今天，印度称谷子为“棍谷”，朝鲜称“粟克”，这些都是历史遗留的痕迹。我们的先人，一路向西，经中亚，将粟传到欧洲；一路向东，经朝鲜半岛，将粟带到了日本。

要是写一部世界古代史的话，那么粟一定是不可回避的话题。当全世界的人都知道古代中国有“四大发明”时，却很少有人清楚，在粮食界至今活跃着的“粟”，也同样凝聚着中国人的智慧与汗水。

地理知识提要：

★ 在北半球，春分和秋分两日，昼夜长短完全相等。夏至在一年中白昼时间最长，冬至正好相反。

★ 气候、地形、水源、土壤等自然条件，对农业发展具有深远影响。

★ 我国北方光照充足，热量条件较好，但普遍缺水。

★ 黄土高原自南而北跨过暖温带、中温带，又自东向西横贯半湿润区、半干旱区和干旱区。

[字源]

麦，芒谷，秋种，厚埋，故谓之麦。

——《说文解字》

[字解]

“麦”的甲骨文由两部分构成，上部如同一株有叶、有穗、有根的麦草。也许是为了突出麦穗，其金文字形特别在字的上端加了一横。麦子的一大特点是有芒刺，《说文解字》中称麦为“芒谷”，即有芒刺的谷物。其实稻谷也有芒刺，但没有麦子这么长。

◎“麦”的素描

“”字的下部类似于“”，是一只脚趾朝下的脚，“止”的甲骨文写法倒过来便是它。《说文解字》中称：“来，周所

受瑞麦来麰。”意为：来，周地所接受的优良麦子。“来”的甲骨文为“”，与“”很像。为什么这两个字会纠缠在一起，读音还那么像？这里面可就有学问了。

[字变]

甲骨文　金文　篆书　隶书

[字说地理]

神奇的小麦

我们在讲“粟”时谈到了它的重要地位。不过，古时人口还比较少，人口密度很低，地球上有大片大片的原始森林和沼泽，人们从自然中获得的食物来源相当多。但当人口大量增长之后，粟就无法满足人们的需要了。

另外，粟遵循春生、夏长、秋收的规律，那冬季种植什么呢？尤其是北方地区，那儿的冬季常常有大风天气，种植作物的难度就更大了。

上述两个原因加在一起，促使人们开始寻找其他更适合大规模种植和食用的粮食。功夫不负有心人，几经摸索后，小麦登上了历史舞台。

小麦是世界上最重要的禾本科植物之一。在“禾”的大家族中，前辈是“粟”，小麦是后起之秀。在地球这颗蓝色星球上，从盆地、平原到海拔4000米左右的高原，我们都能见到它的身影。联合国粮农组织徽标的中心图案就是小麦的麦穗，上面的拉丁文“FIAT PANIS”意为“让我们有面包”（面包主要由小麦粉制成）。

◎联合国粮农组织的徽标

规范汉字“麦”的上部，像一个“丰”字，长长的叶子的顶部有一个突出的小短竖，或许是代表高高挺立的麦穗。你认识“齐”字吗？它古代的模样，正是一株株齐平的麦穗！

甲骨文　金文　战国文字　篆书

◎“齐”的字变

◎金色的麦穗

“麦”字甲骨文的下方之所以有个“夂”，以及发音与“来”很相像，就是因为它是从外面“走”进“来”的物种。“走”与“来”这两个字，是历史在它身上的烙印。

小麦原产于西亚地区。人们在大约一万年前发现它时，是把它当作野草看待的，只不过这种野草可以结出一粒粒小小的果实——就像粟一样。野生小麦的果实虽然不好吃，但可以充饥。后来，人们吃的次数多了，自然就有了不少食用技巧。比如，趁麦子还未完全成熟，摘一些麦穗放在火上烤。不一会儿，麦粒就烤熟了。用手稍稍一搓，麦粒外面的壳儿就脱落下来了。于是，人们就把这些香喷喷的麦粒当作零食吃。

◎小米

◎小麦

随着人口不断增多，野生小麦供不应求。于是，聪明的古人经过不断尝试，终于将野生小麦培育成可以广泛种植的普通小麦。春秋时期的鲁班还发明了可以把小麦磨成面粉的石磨（也有说法称石磨是劳动人民在长期的生产实践中逐步发明出来的），从此，小麦的各种食用方法才被创造出来。

◎石磨

小麦的神奇在于它种植的时节。它的原产地大部分属地中海气候。这种气候非常有意思：夏季炎热干燥，冬季温和湿润，主要的降水时节在冬季。人们把这种独一无二的气候类型称为“冬雨型”气候。

地中海气候并不仅仅分布于地中海沿岸。这种气候昼夜温差较大，有利于有机物质的积累以及农作物的越冬；晴天多，年日照时长约3000小时，年平均气温在16℃左右，有利于喜高温作物的生长。

西亚“来”客

野生小麦最早只分布在一个非常狭窄的地带——两河流域至地中海东岸的地带，因其外形像新月，又叫“新月沃地”。

这一带与其他地中海气候区有什么区别呢？一方面，适应此地区的小麦，它的天然习性就是冬天发芽，春天生长，在夏天到来之前成熟。一直等到下一个冬天，雨水多了，才开始新一轮的生命旅程。

另一方面，也是更重要的因素，该地有较为肥沃的土壤和平坦的地形，以及幼发拉底河和底格里斯河这样的灌溉水源。农业是一种需要多种要素紧密配合的产业，就自然条件来说，气候、土壤、水源、地形缺一不可。为什么全世界具有一定规模的古代农业文明大多存在于几大文明古国中呢？因为“集齐”四大自然条件实在太难了。

试想一下：纬度太高或太低就会过冷或过热，不要说农作物，连人都很少见到；地形太高、太陡、太险，生活与生产都极不方便；土壤太薄、肥力太低，会使农作物长得稀稀拉拉、“瘦骨嶙峋”；水源不足，灌溉、饮用、交通都会受到限制，更是灾难性的噩梦。

◎古埃及壁画中的割麦场景

西亚的“新月沃地”恰好是人间福地啊！这里土壤肥沃、资源丰富，曾孕育出古巴比伦、亚述、希腊等多个古文明。产量越来越高的小麦逐渐被更多人喜爱，其种植范围也越来越大。小麦在埃及的种植历史可追溯至公元前5000年，在中国的种植历史约有4000年。

来自西亚“新月沃地”的小麦，有三条进入中国的可能路径：欧亚草原通道、绿洲通道、海上通道。比较典型的传播路径是第二条，即从西亚出发，经帕米尔高原、河西走廊，进入黄土高原地区。

在小麦传入我国以前，长江流域的农业以水稻种植为主，黄河流域大约在8000年前就开始种植粟、黍等旱地作物。

小麦传入我国之后，扩张十分迅速。三国时期就有关羽败走麦城的故事，“麦城”是东周时期楚国的重要城市，故址在今湖北省当阳市东南沮、漳两水间。关于麦城名字的由来，说法众多，其中“物产说”认为，麦城所在地在古代可能是盛产麦子的地方。除了麦城，还有位于今山东省商河县西北的麦丘，齐桓公曾经在这里打过猎，此地也是因麦而得名。

作为我国主要粮食作物之一，小麦主要分为耐旱的春小麦和耐寒的冬小麦两种。一般而言，冬小麦种植在纬度较低，冬季并不十分寒冷的地区，即暖温带、亚热带以及部分热带地区。我国冬小麦的典型种植区域是华北地区。冬小麦一般秋季播种，到了冬季，冬小麦基本停止生长，直到第二年春季又返青生长，初夏时节成熟。如果一个南方人第一次来到北方的时间恰好是夏天，见到风吹麦浪的壮观景象肯定会大为震撼。

◎秦岭脚下金色的麦田

相对来说，春小麦主要种植在纬度较高、热量条件较差的寒冷地区。由于冬季寒冷，小麦无法越冬，只能春季播种，夏季生长，秋季收割。我国春小麦的典型种植区域是东北地区。

随着小麦的地位越来越高，人们渐渐离不开它，甚至认为它还有教化的作用。比如，那些挺得最直、长得最高的麦子，往往不能结出最好的麦穗——因为它们经受不住风吹雨打、日晒雨淋。相反，长得较矮的却能经受住大自然的考验，结出的麦穗不仅颗粒饱满，而且吃起来别有一番风味。“成熟的麦穗懂得低头”，常是长辈送给晚辈的一句忠告。

小麦的统治力

下面一组汉字，藏着关于小麦的不少科学小秘密：

麸—麺—麯

先看“麸”这个字。麸，或麦麸，指“小麦的皮屑”，即小麦加工成面粉的过程中去除的种皮，也就是小麦外皮。麦麸主要用作饲料，在医药等领域也常能见到它的身影，但人们较少直接吃它，因为口感实在不太好。

“麸质”是小麦胚乳中含有的一类蛋白质（大麦、黑麦中也存在），由麦醇溶蛋白和麦谷蛋白组成。小麦之所以受到人们的喜爱，是因为它具有一个其他草本植物难以比拟的特点：其麸质含量远远高于其他谷物。小麦的麸质具有弹性，有耐嚼、筋道的口感，经加工后形成的弹性物质叫作“面筋”。

文化加餐

“筋道”的面食

目前已知最早的面条实物出土于青海喇家遗址，距今约4000年。古时，面食统称为“饼”，水煮类面食因要在“汤”中煮熟，所以又叫作汤饼。众所周知，北方人喜爱吃面，习惯把面作为主食。北方制作面条所用的原材料冬小麦生长周期长，大约需要260天。其麸质含量足，形成的面筋网络更细密，拉伸性和弹性更强，口感筋道。许多爱吃面食的北方人从早上的包子，到中午的烩面、刀削面，再到晚上的馒头，顿顿离不开面食。

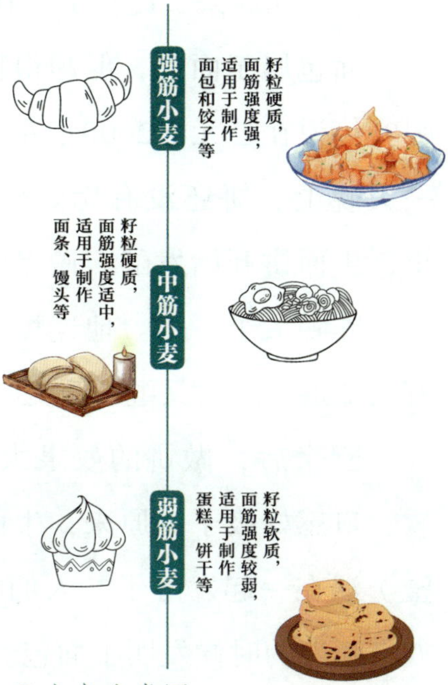

◎小麦分类图

相对来说，南方由于气候湿热，小麦生长周期短，麸质含量低，其口感与北方小麦差异较大，因此南方的面条通常制作得较细。不过，南方的面条制作精细，各类“浇头”令人垂涎三尺，也有自己的风味。

除了面条，小麦还可以做出许多花样的面食。如果以“筋道程度”来区分，小麦大致可以分为强筋小麦、中筋小麦和弱筋小麦。它们各有各的嚼劲，以后再吃时，不妨细心比较哦！

现在再来说说“麵”，它就是今天的“面”，其实就是小麦磨成的粉，又称面粉，可以做成面条等。请注意，“面包”和“面食（如面条、馒头）”在东西方代表着两种不同的食物。

面包属于面食，但却很特殊，可以单独分类。它是怎么来的呢？传说在公元前2600年左右，埃及有一个为主人做饼的奴隶。一天晚上，饼还没有烤好他就睡着了，炉子里的火也灭了。夜里，生面饼开始发酵，慢慢膨大。等到他一觉醒来时，生面饼已经比昨晚大了一倍。他连忙把面饼塞到炉子里，以为这样就不会有人知道，之后又继续睡觉。

醒来后，做饼的奴隶大吃一惊，他发现这个“饼”又松又软，口感好极了。原来，生面饼里的面粉、水和甜味剂（比如蜂蜜）混在一起发酵了。人们听到这个故事后，诙谐地说：“埃及奴隶睡着的时候发明了面包。”

面包其实是一种发酵食品——发酵不但能使面团的体积膨大，而且质地也变得更松软。但我国的面食制作技艺中还隐藏着另外的原理。

在我国，“面”本表示泡在汤中，由面粉制成的食品，最常见的就是面条。也就是说，我们的面食主要是用来煮着吃的。表示筷子的“箸”，与煮饭的“煮”，不仅在字形上相似，读音也十分相近。可见，筷子最早夹的极有可能都是煮熟的食物，面条自然就是其中之一了。除了煮，蒸也是我们常用的烹饪方法，如“馒头”“包子”早在宋代就已经“大行其道”了，花样也有几十种之多。

“麦”与“酒”的传奇

最后说说“麯”。“麦”加“曲”，是什么呢？汾河大曲、双沟大曲、五粮特曲……你听过吗？它们都是酒名。“麯”就是酿酒用的发酵剂，或称酒曲。酒与面的制作均依赖固态发酵技术。粮食是酒的主要原料之一，不妨看“农”字，其繁体为“農”，里面也有一个“曲”。也许，用粮食酿酒，本就是农民的看家本领之一。而关于酒的故事，可就大有说头了。

◎甲骨文中的“酒”字，似在酒坛外面添上水流，表示坛中有美酒

旧石器时代的华北北部地区的气候温暖湿润，雨量充沛，森林茂盛。林间生长着大量的野生梨树、毛桃树、杏树、李树等果树，山沟里到处是野葡萄。猿猴采野果为食，由于野果多得吃不完，它们便把剩下的储存在山洞里。日复一日，山洞里潮湿、恒温的天然环境，加上自然生长的酵母菌，使得堆积的瓜果自然发酵，其流淌出来的汁液就是最原始的“酒”。

后来，古人发现“酒”味道甘美，于是便通过人工发酵造酒。麦子是酒的主要原料之一。《史记》记载，商纣王“以酒为池，悬肉为林”。由此可见，至少在商朝，饮酒已是帝王生活中的常事了。

央视纪录片《舌尖上的中国》挖掘了我们祖先传承至今的所有“味觉”，其中由小麦延伸出来的面食、美酒几乎“诱惑”了全世界的人。可以说，东方人的“蒸煮”和西方人的“发酵”，共同“烹饪”出了人类食谱中的重要板块。那么，我们不禁要问：同样是小麦，也同样是把小麦磨成粉，为什么西方人选择做成面包，而东方人，尤其是中国人选择做成馒头、面条呢?

◎甲骨文中的『安』，是一个女子坐于屋内的样子。这与追求快感和刺激的游牧民族是完全不一样的

原来，其中有地理因素的影响。西方人多属于游牧民族的后代，而中国人主要是农耕民族的后代。游牧民族逐水草而居，生活住所迁徙不定，故习惯于用最简单的烹饪方式——将食物直接放在火上烤熟。农耕民族则不一样。《汉书·元帝纪》记载有“安土重迁，黎民之性”，指人们住惯了本乡本土，不会轻易迁徙。从饮食文化来说，他们习惯在自己家固定的灶台上，用固定的炊具

烹饪。于是，中国人的食物制作工艺相对复杂，食物的味道也更丰富细腻。

此外，受气候限制，我国种植的小麦蛋白质含量低于西方地区，面筋弹性不足，难以单独支撑蓬松的面包结构，更适合擀压成面条等形态。

地理知识提要：

★ 地中海气候的特征是夏季炎热干燥，冬季温和湿润。

★ 春小麦春季播种，秋季收获。东北地区是春小麦的典型种植区域。

★ 冬小麦秋季播种，夏季收获。华北地区是冬小麦的典型种植区域。

★ 一般来说，冬小麦较为耐寒，而春小麦则更耐旱。

[字源]

稻，稌（tú）也。

——《说文解字》

[字解]

“稻”的甲骨文与今天的模样大不相同，也有多种样式。常见的有“”，由“”（用簸箕“”扬糠“”）和“”（舂米的石槽）构成。整个字都与“劳动”相关：先舂捣谷子，再用簸箕扬糠。

舂字的下半部“臼”是一块中间凹下去的石头。一块石头经过千万次击砸后，中间就会有凹坑，人们把子实放在坑中击打，它们就不会乱溅。这块特殊的石头就叫“臼”。

显然，“稻”中是含有“臼”的。对于“稻”，《说文解字》用“稌”来解释，

“稌”就是糯米。另有甲骨文，把“稻”写作“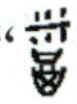”，此处把簸箕上方细小的东西“”写成“”（米），意在强调舂谷取米。

◎红陶绿釉舂米俑

“”意为用簸箕扬糠。糠，即稻、麦、谷子等子实上脱下的皮或壳。在舂捣后，糠会脱落下来，这时可以利用风力，将轻轻的、薄薄的糠给吹走，最后簸箕中剩下的就是米粒了。

[字变]

甲骨文　　金文1　　金文2　　篆书

[字说地理]

“稻”米源流

稻和麦一样，与我们的日常生活联系紧密，超市里的各种大米，就是稻谷去壳之后的果实。目前，水稻是我国乃至全世界重要的粮食作物。

在今天的书写中，“稻”是“禾”字旁，表示五谷之一。但在甲骨文、金文的部分写法中，它其实是带着“米”字旁的，如“[illegible]”“[illegible]”“[illegible]”等。有些字还画着“[illegible]”（像飘扬的旗子，表示风），意为在风中将糠扬弃，留下米粒。

稻与人类的关系，直接体现在汉字的构件“爫”上。“爫”是一只朝下张开的大手，这只手早在“稻”的金文、篆书中就出现了：手从臼中掏出带糠的米，扬在风中，让风吹走糠。

◎出土于河姆渡遗址中的陶罐上有稻穗的纹样

“稻”的本义是一种草本植物，其结的子实是人类的主粮之一。与耐旱的小麦不同，它喜欢温暖多雨的气候，所以在我国长江流域、珠江流域广泛栽培。“稻”常常和“水”字联用，或称“水稻”，它有一项其他粮食作物少有的本领：能在水中自在生长。

水稻茎秆内部的气腔将叶片、茎秆和根部等连接起来，使整个植株就像一根插在水里的吸管，气腔将空气中的氧气输送到位于水底的根部。如果水面的高度超过了叶片，水稻便不能呼吸。

◎水稻秧苗风景

水稻喜高温、多水的环境，需要适中的

日照，对土壤的要求不高，特别爱水稻土。我国南方地区的土壤可分为多种：亚热带地区多为红壤或黄壤，热带地区则多为砖红壤。红壤是在高温多雨环境下发育而成的一种低产土壤，它有机质含量少，呈酸性，在经人们改造后成了高产的水稻土。四川盆地的紫色土也是一种优质的土壤，它是在紫色砂页岩上发育的土壤，含矿养分较多，土质疏松。

水稻的一生，大致会经历萌芽、拔节、扬花、结果等不同阶段。它的子实壳坚硬，需脱去壳，再加工成米，煮熟后才能食用。

◎稻米脱壳后方可加工成米

“米”是人类的主食之一。说到米，倒是很有趣：

甲骨文　　战国文字　　篆书　　隶书

从甲骨文和战国文字看，“米”最开始是上面三个点，中间一横，下面三个点，就像是穗梗“—”四周结满了细小的米粒。从科学的角度看，米主要是水稻种子的胚乳，而胚乳又是种子储存营养物质的载体，有着较高的价值。当然，需要指明的是，最初的“米”指小米（即粟），随着种植范围不断扩大，产量提升，水稻在人们生活中的地位日益重要，如今的“米”更多的是指稻米。

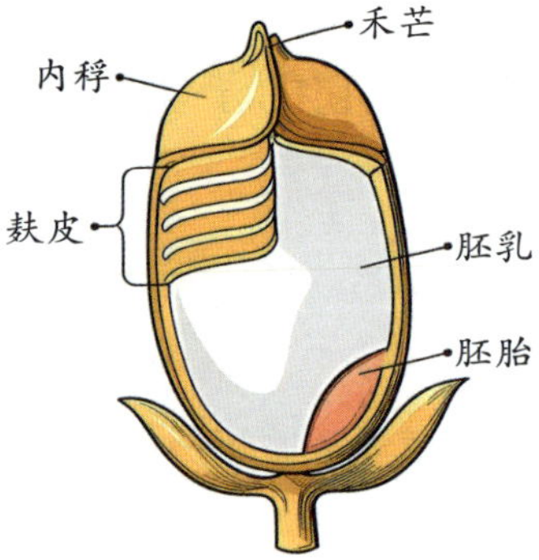

◎稻米结构

白居易刚到长安（今陕西省西安市）应举时籍籍无名，带着自己的诗稿去拜访当时的名士顾况，以求大家指点一二。白居易虽然文质彬彬、儒雅有礼，但毕竟还是个稚气未脱的少年郎，顾况就拿他的名字“居易”开了个玩笑说：

“长安城的米很贵，在这里住很不容易啊。”

言下之意便是，你还年轻，长安乃京城繁华之地，名流荟萃，人才济济，想要拥有一席之地可不容易啊！但等他翻看白居易的诗稿，读到“野火烧不尽，春风吹又生”时，不禁赞叹道：

“能写出如此精彩的诗句，就是在长安立足又有什么困难呢！”

这就是典故“长安米贵，居大不易”的来历。唐朝时期，中国已广泛种植水稻，但北方地区气候寒冷干燥，喜温暖湿润环境的水稻难以大面积生长。稀缺，令稻米在长安属于相对高价的商品，市面上难得一见，大多供给皇家、上层贵族等。

稻米在北方生长特别不容易，因此一直被视作珍贵之物。孔子就曾说过：“食夫稻，衣夫锦”，意为稻米饭不是寻常食物。江苏省淮安市盱眙县在春秋时期名为“善道”，又名“善稻”，意思是这里的人们善于耕种稻谷。那时的善道属于吴国的管辖之邑，山峦起伏、土地肥沃，是一个适合安居的好地方。

“水”肥土，“润”渠田

水稻的生长离不开水。对于人类来说，解决水源问题，或者积极发展水利工程，永远都是重中之重。

历史瞭望

郑国渠

秦王嬴政当政初年，秦国统一天下的雄心已渐显露。燕、齐、楚等关东六国惶恐不安，纷纷想办法阻止秦国进一步发展壮大。

在这些战战兢兢的国家中，韩国精心设计了一个阴谋，派出一个名叫郑国的水利家到秦国，说服秦王横向开凿一条长约150千米的大水渠，使之连通渭河的两大支流——泾河和洛河。

韩国的本意是诱骗秦国调动大量人力和财力，以消耗其国力。但是，工程的结果却与韩国的初衷背道而驰。这条水渠的修建使得八百里秦川一跃成了良田沃土，关中地区的粮食产量大幅度增加，秦国的国力猛增，反而加快了其吞并六国的步伐。

◎风化的岩石

地理中有个名词，叫“水土”，表示水源和土壤具有相生性。一个地方如果没有水，往往很难孕育生命，那里通常只有依靠岩石风化而形成的土，这种土矿物质虽多，但有机质含量少，肥力不足。沃土的形成需要“千万年”的时间。

有水之后，情况就不一样了。水可以将上游的无数沉积物，比如矿物、有机物、微生物等，带到下游，并在地势较平缓处沉积，我们把这种土壤叫作冲积土。冲积土的有机物含量高，较为肥沃，是非常理想的种植土壤。如今盛产稻米的长江三角洲地区，就有着广袤而肥沃的冲积土。当然，从地质运动的角度说，今天的土壤，在遥远的未来，可能会因为各种外力作用又变成新的岩石。

水不但能塑造土，还能改造土。我国北方因气候较干燥，蒸发旺盛，地表土中的水分不断流失，留下的盐分经长年累月的累积，往往会使土壤有盐碱化的倾向。对此，水利工程的作用就体现出来了。

知识拓展

盐碱地

在生活中，我们看到的盐碱地多呈白色，好像积雪覆盖在地面上。实际上，这是留存于地下的盐分，随着土壤孔隙中的水，逐渐从地下转移到地表上的结果。

在这一过程中，水分被蒸发，而无法蒸发的盐分则留存于土壤表层。日复一日，年复一年，当土壤中的盐分达到一定浓度后，盐碱地就形成了。

那么，地下的水（包括其中所含的盐）是怎么跑到地面上的？这就与“毛细作用”有关。土壤颗粒间存在大量细微孔隙，这些孔隙如同天然的“毛细管”，地下水会顺着这些孔隙，因表面张力而向上移动。

◎白茫茫的盐碱地

就像淡水鱼类适应不了海洋里的咸水一样，当土壤含盐量过高，营养成分减少或难以被吸收时，水稻等农作物也会难以正常生长。

战国时期，韩国为秦国“好心”设计的郑国渠，本意是消耗秦国国力，但水渠建成后源源不断的水源改造了盐碱化的土地，这使秦国的田地获得了数倍的产量，“于是关中为沃野，无凶年，秦以富强，卒并诸侯”。看来，韩国的一片“好心”，最终成了自掘坟墓之举。

◎漫灌

◎滴灌

◎喷灌

汉代以后，我国的气候整体变冷，水稻逐渐从北方退出，小麦后来居上，成为绝对的主力。自此，黄河流域以种植小麦为主，长江流域以种植水稻为主，中部地区稻麦兼作的谷物种植格局延续到了今天。

南方地区水稻的种植特别依赖水利工程。在山地，雨季时，汹涌的洪水总是涌向低洼处，继而冲向下游地区；在平原，湖泊和沼泽边的田地则常常淤积。人们需要最大程度地控制水流，以确保稻田中始终保持着适宜的水量。

千百年来，洪水和干旱始终困扰着田地里的农民。为了确保水稻得到合理的灌溉，修建和维护各种水利设施就成为中国农业社会的刚性需求。通过引水工程或排水设施的建设，荒野也可以成为产量丰盛的良田。

农田里的小道和灌渠之间流淌着潺潺溪流。传统的浇灌方式，是从水沟、小溪中引水浇灌到植物的根、茎、叶上，这样容易浪费水资源，且易引发土壤盐碱化问题。在现代，人们发明了更先进的喷灌和滴灌技术，不但可以大大节约水资源，还有效促进了植物对水分的吸收。

分选与产量

我国水稻栽培历史悠久，稻在唐朝时期就十分被重视，我们能在当时的诗歌中找到不少证据。如白居易的“禄米獐牙稻”、李贺的“长枪江米熟”……诗中的“獐牙”“江米”，或好听或雄奇，都是稻的品种名，足见稻是多么“受宠”。

稻受宠的原因之一是它的产量远远高于麦、粟等竞争对手。稻在一年之中并不仅仅成熟一次，这对提高产量来说更是大大的加分项。于是，人们纷纷研究它，以让它在更多地区茁壮生长。

清朝的康熙皇帝从少年时起就喜欢看人家种庄稼，甚至会亲自下地种植。有一年，约莫在六月下旬的某一天，他在丰泽园（今故宫博物院西侧）里看到几块水田里种的水稻中有一株提早结穗成熟，感到非常诧异。于是，他把这株早熟的稻穗单独留种，第二年试种，结果仍比别的稻子早熟。

兴奋不已的他就用这株水稻的种子培育了新品种——“御稻米”。他先在北京试种了数年，取得经验后，再向长江以北的地区推广。这种御稻米获得极大的成功——其成熟时间不到100天，收割后可以继续种第二季。当时，苏州本地的水稻需要150天左右才能成熟，且难以种第二季。两者相比，“御稻米”的优势巨大。

实际上，不仅仅有一年两熟的“御稻米”，如果我们再往南去，比如南岭、海南，水稻一年可以三熟；相反，在我国北方地区，特别是纬度更高、气候更冷的东北地区，水稻只能一年一熟。我国水稻分布广泛，但主要集中于南方地区。

在地理上，人们将农作物一年成熟的次数称为“熟制”。越往北，农作物的“熟制”越低，这也不难理解：纬度越高的地方，气候越寒冷，农作物的生长周期越长，但同时，其营养物质的累积越充足，土壤中的营养越丰富。正是这个缘故，我国最优质的大米，均产自东北地区，并且有一个统一的属类：粳米。

◎水稻实景

沉甸甸的稻穗

事实上，稻的分类虽有千千万，但如按米粒的质地分类，则有两个最基本的类型：粳和籼。

◎籼米偏长（左图）、粳米偏圆（右图）

从外观上看，籼米细长，又称“长米”“仙米”（“籼”与“仙”的读音相同），主产区在我国南方地区，如广东、湖南、江西、四川等地。粳米则短粗、圆胖一些，主要分布于我国东北地区。追溯两者的起源，“籼”字最早出现于西汉扬雄所著的《方言》一书，当时的写法为“秈”，而“粳”首现于东汉许慎的《说文解字》中。前者出现的时间的确要比后者更早一些。那最早的稻米为什么叫籼呢？“米”字旁可以理解，因为这是劳动的果实，可“山”字呢，难道最早的稻米出现在海拔较高的山地吗？

还真有可能是这样。经考古学家考证，长江中游地区是世界稻作农业的起源地之一。这里季风气候显著，冬冷夏热，四季分明。同时，长江在此的支流较多，湖泊、沼泽星罗棋布，生态资源富饶，给稻提供了非常优越的生存环境。看看位于这里的几个主要省份的名字就能发现其中的秘密：

湘——湖南的简称，带三点水旁，本身也可表示湘江。

鄂——湖北的简称，由鳄鱼的“鳄”字转变而来，代表着湖北有着潮湿的河湖环境。

赣——江西的简称，由赣江的名字而来。

…………

这些省份，都是稻米的主要产区。它们的名字，要么自带水字旁，要么取自江河，要么与水中生物有关，由此可见，“稻”天然与“水”有关，所以又叫“水稻”。

同时，湖南、湖北、江西等地山地较多，古人为了躲避夏季的洪水，不敢贸然住在地势低处。所以，临水的丘陵、山地就成了理想的选择。古人发现野生稻之后，最早将之驯化的地方可能也是在山地。

“籼”字中的“山”，还有另一层含义，它代表相对苛刻的自然条件。我们知道，尽管农业的产生需要适宜的自然地理条件，但是优越的地理环境不一定就能促进农业的产生。

自然条件非常优越的我国华南地区属于热带、亚热带季风气候，夏季漫长炎热，冬季温暖，雨量充足，植物繁茂，在人口不多的情况下，人们通过采集与狩猎完全可以满足生存需要。没有了生存压力，人类就不可能主动地去发展农业。而且，相比于其他食物，稻谷的子实细小，加工食用较为麻烦，显然处于劣势。

在我们发现的史前水稻遗址中，其名字里就多有“山”

“岩”“洞”“岗”“堡”等字眼。比如，湖南省澧县城头山遗址、湖南省道县玉蟾岩遗址、浙江省浦江县上山遗址等。

看来，沉甸甸的稻穗并不是轻易可得的。

以稻米为窗口，我们观察到，只有在自然条件适宜，同时人类又最大程度地发挥聪明才智，并用汗水浇灌的地方，灿烂的文明之花才会绽放。

地理知识提要：

★ 水稻是我国乃至全世界最重要的粮食作物。

★ 水稻喜高温湿润的环境，偏爱水稻土。

★ 红壤是在高温多雨环境下发育而成的一种土壤。

★ 盐碱地因盐度含量高，水稻等农作物难以生长。

★ 我国东北地区的水稻一年一熟，长江流域的水稻一年两熟到三熟，华南地区则一年三熟。

第二章

伟大的畜牧业

本章思维导图

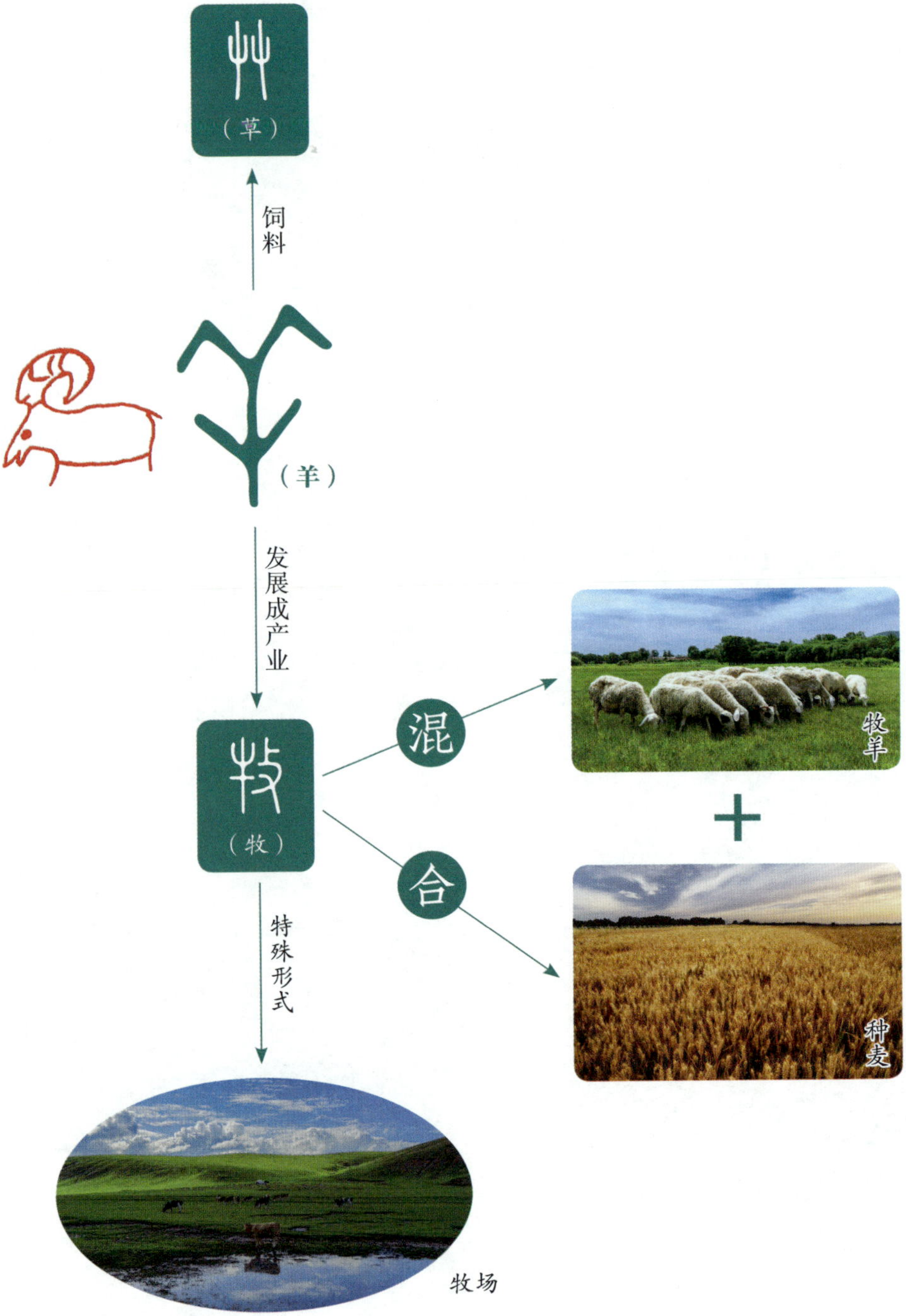

[字源]

艸，百芔也。

——《说文解字》

[字解]

“艹”，即我们俗称的“草字头”，它是今天许多汉字的常见部首。但你知道吗，它原本就是一个字，读作“cǎo”。

“艹”的起源，还得从“屮”（cǎo）说起。在甲骨文中，“屮”的字形为“”，如同植物嫩茎“丨”上长出两片叶子“”，表示初生的小草。金文“”、篆书“”承续甲骨文的字形。“艸”强调丛生、茂密的小草。

[字变]

篆书　　　隶书　　　楷书　　　简体

[字说地理]

牧“草”，你不知道的秘密

草是一种常见的植物，它不同于粟、麦等，人们虽也将它作为一种粮食储备起来，但不是给人吃的，而是供牛羊等牲畜食用的。

由于气候干旱、深居内陆、海拔较高等原因，草原成为许多地区的典型景观。位于西南部的横断山脉地区是我国天然草场分界线的一部分，这里的垂直落差非常大，水热条件也在不断变化着，从高温多雨到寒冷干燥，一应俱全。因此，这里拥有从低海拔区到高海拔区，从热带到寒带的各种植物，简直可以算得上是“植物博物馆”。在高海拔地区，我们能见到成片成片的大草场，还有那悠闲自在的牛羊。横断山脉的南段有着世界上著名的香格里拉“依拉大草原”，那里景色美不胜收，令人流连忘返。

在草原上，人们的主要农业生产活动是畜牧。畜牧业和耕作业有点像，一个“服务”的对象是动物，一个“伺候”的对象是植物，都是与生物打交道。不仅如此，两者在发展上也常有“合作”。

下面，我们来看一个汉字：

◎“畜”的甲骨文

这个字的“造型”挺别致。具体看，它由“”（像是一个扣好绳结的绳索）、“”（表示封闭的围栏）和“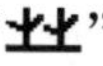”（类似于艸，即植物）组合而成，整体的意思是：用绳索将牛羊等动物系在栏圈内，并以草料饲养。这正是“畜”字的甲骨文写法之一。简简单单地一个象形字就把畜牧业的一个基本特征说清楚了。

畜牧业的另一个特征是牧。牧的篆书写作“”，左边为“牛”，可见牛在很早的时候就已经成为人类的好伙伴；右边为“攴”（音同“扑”），《说文解字》中解释为“小击也”。整个字表示鞭打、驱赶牛。比较而言，“畜”是将牛圈养起来，“牧”则是赶着它们在草原上自己觅食。为突出重点，本书所说的畜牧业主要侧重于牧业。

畜牧业对我国的影响，可一点儿不比耕作业小。“天子牧民”是古已有之的观念，这里的“牧”是“管理”的意思。汉成帝时改刺史为“州牧”，这里的“牧”指的就是一个州的最高长官。

历史瞭望

宋仁宗与羊肉

宋仁宗有天起床后对身边人说，昨晚饿得睡不着，特别想吃烤羊，但最后还是忍住了。皇帝的侍臣就说：“既然想吃，为何不吩咐一声呢？”宋仁宗称怕因为自己的一时兴起，御厨们从此就开了这个头，动不动就宰杀牲口，以供自己随时需要。

宋仁宗宁可忍一时之饥，也不愿开恶例，体现了宋仁宗勤俭爱民之心，也可见他对羊肉的喜爱。

在这个故事中，我们感受到了畜牧业在古代的重要性，它足以影响民生大计，而小小的牧草是支撑畜牧业的根本。相比于粮食作物，牧草的生命力更加顽强，它可以在干旱等更恶劣的环境中长得郁郁葱葱，从而成为牛、马、羊等最可口的食物。

现今世界上的著名畜牧区，如欧洲西部地区、南美洲阿根廷潘帕斯草原地区，多是多汁牧草。“多汁”，即水分含量高，这类牧草常见的品种有菊苣、聚合草、黑麦草等，其价值要高于普通牧草。究其原因，多汁牧草所在地区多靠海（我国的牧场多距海远），属温带海洋性气候或亚热带湿润气候，降水较多，气温年较差小，光照也弱，有利于牧草生长，再加上水源充足、土壤肥沃等条件，牧草整体质量就大大提升了。

牧“场”，牵一发而动全身

古人很早就发现，牛、羊、鹿等动物在进食一段时间后，会重新将胃中消化一半的食物返回嘴里再次咀嚼。这种现象叫反刍。“刍”的甲骨文像是一只手正在拔草。在历史发展中，“手”逐渐演变成“彐”，两棵“草”变成“⺈”，“刍”的本义是用手折断草，作为名词时可表示牲口吃的草。

◎“刍”的甲骨文

以牛来说，由于反刍，它对草料的吸收能力比马强，消化时间也更长，可以有效地节省草料。所以，牛虽然生长速度慢了一些，但不论是农耕民族还是游牧民族，人们都选择它作为拉车工具，“吃苦耐劳”正是其最大优点。

再从牧草“刍”的角度看，牧草有许多类型，有刍菽、刍粟等，多种多样。许慎说“艸，百芔也”，虽然有点儿夸张，但作为动物食品，草确实有不少种类。

不过，从产量上看，稻米毕竟有限，加上马的食量很大，所以，人们迫切需要寻找一种更为经济且高效的“刍”。

历史瞭望

汗血宝马与苜蓿

张骞出使西域时，曾为汉武帝带回了汗血宝马的最初描述：多善马，马汗血，其先天马子也。汗血宝马日行千里，汗出如血，食紫色苜蓿。从那时起，西域的其他奇珍异宝就显得黯然失色。得到汗血宝马后，汉武帝作《天马之歌》，可见他对汗血宝马汗血的喜爱。

◎中亚地区的土库曼斯坦是“汗血宝马”的原产地。如今，作为国家形象的象征，它已被印在土库曼斯坦的货币上，为世界各国所熟知

一同引进的，还有一种特殊的植物——苜蓿。苜蓿是汗血宝马最爱的食物。人们种植之后发现，它是一种非常理想的天然牧草，不但对环境的适应能力强，而且生长快、产量丰、质量高，深受胖的、瘦的、高的、矮的、本土的、外来的……各种马的欢迎。

◎苜蓿

实际上，人们对牧草的了解渐渐深入后，牧场才被慢慢建立。牧场又被称为“刍牧之场”，即饲料资源丰富的场所。

我国有四大牧区，分别是新疆牧区、青海牧区、内蒙古牧区和西藏牧区。拿内蒙古牧区的呼伦贝尔大草原来说，它是世界著名的天然牧场，总面积约10万平方千米，天然草场面积约占80%。呼伦贝尔大草原地域辽阔，向东一直延伸至松涛激荡的大兴安岭，分布有3000多条纵横交错的河流，500多个星罗棋布的湖泊。它的地势东高西低，平均海拔有六七百米，是我国保存最完好的草原，素有“牧草王国”之称。

◎呼伦贝尔大草原

实际上，我国在两汉时期就出现了由国家管理的牧场。据史料记载，汉初西北边郡设牧师苑36所，繁育军马达30万匹。

之后，国家又设立了草料场。古代作战，“兵马未动，粮草先行”，粮是给人吃的，草料是供应给牛、马的，尤其是对战争胜负影响很大的战马，草料可是“战略物资”。

《水浒传》中有一个经典情节，叫“林冲火烧草料场”。被发配到沧州看守草料场的林冲，人生已落入晦暗的谷底。但太尉高俅并不放过他，派奸人步步算计，非要害死他。忍无可忍之下，他手刃仇敌，一把火烧光了整个草料场。

草料场就是储存草料的地方，负责收购、存储、发放草料等事务，是一个高度浓缩的“微型牧场”。《水浒传》中的草料场位于沧州（今河北省沧州市沧县旧州镇），也是宋辽边境的军事要地。草料场所囤积的草料，专供镇守边境的马匹使用。因为草料被烧，战马没有食物吃而被饿死，必然会给国防造成极大的压力。

如果说“林冲火烧草料场”尚有小说家的想象成分，那么，三国时期的官渡之战，则用铁一般的事实证明了粮食和草料的超然地位。当时，袁绍兵多将广，粮草丰厚，曹操如果硬拼，一定毫无胜算，扭转战局的根本是曹操探知了袁绍屯放粮草的准确位置后，两次偷袭袁军后方，焚烧粮草，这彻底动摇了袁军的军心，官渡之战由此胜败分明。

简单归纳，牧场以及草料场等专业场所关乎着国家的安全，在古代具有不可替代的特殊地位。

地理知识提要：

★ 草原主要分布于气候干旱、深居内陆、海拔较高的地区。

★ 欧洲西部的温带海洋性气候、南美洲阿根廷潘帕斯草原的亚热带湿润性气候，具有降水较多、光照较弱等特征，有利于多汁牧草生长。

★ 我国有四大牧区，分别是新疆牧区、青海牧区、内蒙古牧区和西藏牧区。

[字源]

羊，祥也。

——《说文解字》

[字解]

甲骨文“羊”是象形字，描绘的是一只羊的正面图，像两角弯曲呈“”，两鼻孔在鼻尖上形成“V”状的动物。有的甲骨文“”在弯角“”与鼻子“”之间加了一短横“—”，代表眼睛。金文“”承续甲骨文字形，篆书“”基本承续金文字形，将金文字形中的弯角“”写成“”。整个字的“精华”在于羊角，造字者发现羊角既不同于牛角，也不同于鹿角，有着自己独特的“造型”。

“羊”表示“祥”。我们常常能在许多

上古器物上看到“吉羊”一词，“吉羊”即“好羊”“善羊”的意思，表示羊长得又肥又壮。“吉羊”后来写作“吉祥”，“祥”是在“羊”字基础上产生的。古代祭祀时所用的“太牢”“少牢”等珍贵祭品中，均有羊的身影。

[字变]

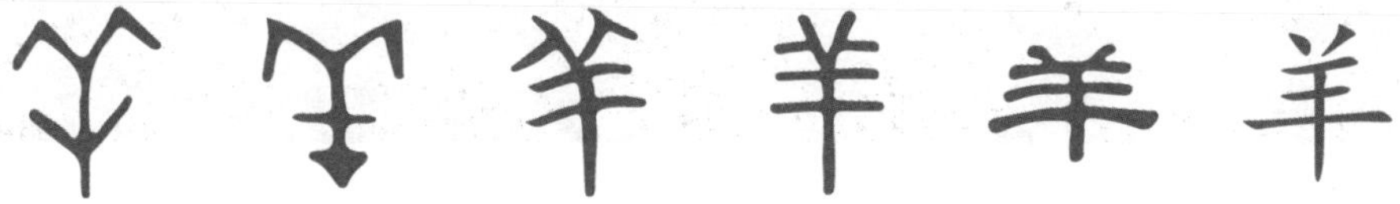

甲骨文　　金文　　战国文字　　篆书　　隶书　　楷体

[字说地理]

作为图腾的“少数派”

你知道现今世界上被驯化的大型哺乳类动物有多少种吗？50种？100种？其实，远没有那么多。吃得太多不行——没有那么多粮食喂养；产肉或者产奶太少不行——成本不划算；长得慢也不行——人类还等着吃饭；脾气太暴躁的，更加不行。这样一算，也就剩下猪、牛、马等动物了。

羊正是这些“少数派”之一，若要在其中评选一名最有智慧、最和顺、最美好的代表，则非它莫属。与“羊”有关的文字极富美感，比如吉祥的“祥”、榜样的“样”、善良的“善”，以及繁体的“义”（義）。“義”中之“羊”象征正义，“善”

◎内蒙古草原上的羊群

中之“羊”象征道德，“样”中之“羊”象征楷模，“祥”中之“羊”象征吉祥。

许慎在《说文解字》中说：“美，甘也，从羊，从大。”意思是“美”这个字有甘甜之意，由“羊”和“大”两部分构成，还有人将“美”字看作戴着羊角样饰物的人的形象。

“美”与“舞”最早可能是同一个字。上古时期，祭祀是十分重要的一种仪式。无论是祭祖、祈求丰收或者庆贺婴儿诞生，巫师都会头戴羊角，身披羊皮，领着大家载歌载舞。这说明“美”可能与原始的巫术礼仪有关，所以“羊大为美”也是“羊人为美”。

◎金文中的羊形族徽

我们祖先对羊一直情有独钟。根据文献记载，活动在黄河流域的部落，如伏羲氏、神农氏部落，他们很早便驯服了羊。到了商周时期，中国的牧羊业已十分发达。据卜骨记载，有一次，一名部落族人感到“耳鸣”，竟用158只羊去祭祀，可见当时养羊规模是十分可观的。

文化加餐

“群羊”与“独犬”

羊是一种喜欢群居的动物。但世界上群居的动物很多，人们熟悉的牛、马、鸡、鸭，都是如此。表示数量较多的“群”字，为什么偏要选择“羊”作为部首呢？答案或许与人类早期的农业有关。

想了解“群”，就得说一说“独”。“独”表示数量少，只有一个，与“群”正好相对，用“犬”作偏旁。“群羊”与“独犬”本来风马牛不相及，但从农业的角度思考，就豁然开朗了。让我们想象一幅放牧的场面吧：一只牧羊犬正在茫茫的大草原上看守着一群羊，它一会儿驱赶羊群，以免有幼、弱者走失；一会儿又远眺，提防那些爱偷袭的狼群。可以说，牧民放羊，既离不开羊，也离不开牧羊犬。人类早期的畜牧业，对生存发展、文明延续具有重要意义。于是，造字者就把这段历史“镶嵌”在文字中了。

我国牧羊区域极为广袤，从北方的草原、荒漠往南一直延伸到华北平原、江南丘陵、云贵高原，乃至地处热带的海南岛，都可以见到。中国人一向自称“龙的传人”，在这一说法出现之前，“羊”才是不少部落的图腾。

伏羲、神农与羊均有“血缘关系”，他们的部落早期都是以羊为图腾，而不是“龙”或“蛇”。俏皮一点儿说，他们最早都是“属羊”的，瞧，伏羲的“羲”字中就有一只羊。值得一说的还有“姜”“羌”二字。古时“姜”与“羌”本为一字，盖姜姓人即为羌人也。

神农，即炎帝，是一位农业专家，因此他又被称为“神农氏”。从地理角度看，《帝王世纪》记载：“炎帝自陈营都于鲁曲阜。”陈地在今河南省淮阳市，曲阜在今山东省曲阜市，这两处地方在古时水草肥美、森林密布，适合渔猎。

农牧交界的自然选择

“等降水量线”是科学家用来描述气候的一个指标。在地图上，人们将降水量相同的各点连接起来的线，称为等降水量线。

“400毫米”是个非常特殊的值：年降水量大于它的地方，树木可以获得足够的水分，长成一片片森林；小于它，地面被青草替代，成为辽阔的草原。

森林代表着湿润地区，人们在土地上种庄稼，发展种植业；草原则代表着相对干旱的地区，农作物难以成活，人们往往选择利用优良的牧草，发展畜牧业。简单地说，400毫米等降水量线成了我国种植业与畜牧业的分界线。

这条线经过黄土高原，在黄土高原，我们可以看到：一边偏湿润，一边偏干旱；一边是森林，一边是草原；一边是农耕，一边是游牧；一边建城墙，一边任驰骋；一边人口稠密，一边人烟稀少……这条线的两侧是截然不同的两种景象。人们把两者交错的区域，称为“农牧交错带”。

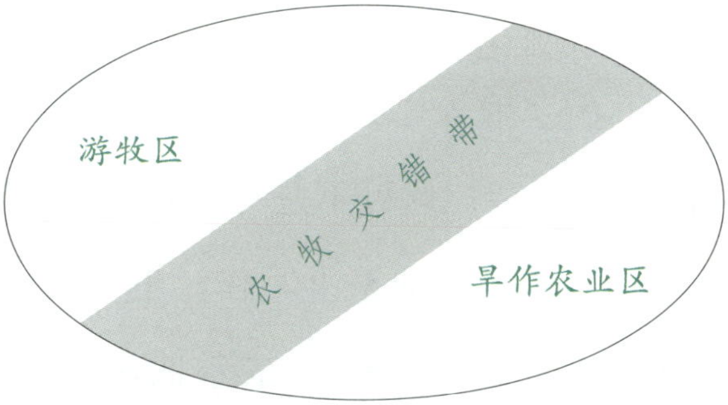

黄土高原是一个亦农亦牧的过渡地区，分为西部、北部的游牧业和东南部的旱作农业。它们并非对立关系，而是处于频繁的联系之中，二者互相转变的现象十分常见，人们可以从中获取更丰富的食物来源。

以羊的种类来说，绵羊、山羊是最基本的两大类。其中，绵羊对水的要求比牛、马低，喜欢吃细短多汁的牧草；山羊的耐旱能力比绵羊强，喜食灌木类植物。总的来说，牛对水的需求量最

◎山羊

◎绵羊

大，其次是马，再次是羊，最后则是骆驼——“沙漠之舟”可不是浪得虚名哟！

驯“养”的苦乐酸甜

随着牧民的不断驯化，山羊和绵羊耐旱性的区分度渐渐缩小。很多时候，它们是混在一起放养的。说到“养”，你发现没，它的发音很像“羊”，这可不是巧合：“养”字的上半部也由“羊”变化而来。“养”的篆书写作“”，像手持鞭子驱赶群羊的样子，繁体字写作“養”，表示把食物给羊吃，有“畜养”的意思。

知识拓展

羊的“糗事”

绵羊属于呆萌型生物。初春时，牧草干枯，水分含量少，冰封的河流解冻，羊群来到河边喝水，只是它们一心往前，却不知道在河岸边分散开来，于是，前面的只顾着低头喝水，后面的又拼命地朝前挤。就这样，每年春天都会有羊被挤到河里去。

而山羊属于冲动型生物，它们性格特别活跃。每到夏天，草原上有很多苍蝇、蚊子，十分讨厌。“聪明”的山羊发现，只要迎着风走，就不容易被小虫子叮咬。于是，羊群为了免受叮咬之苦，也不管自己的家在哪个方向，干脆一直顶着风走，而且各走各的，简直“无组织无纪律”。很快，羊群就走散了，加上它们的记性又差，常常只想着“世界那么大，我想去看看”，从此就各自散落天涯了。无奈的牧民只好也顶着风，一只只地找回来——

你看，放羊可不是一件轻松的事！

在有些国家，羊与自然、经济的关系特别紧密。澳大利亚的牧羊业非常发达，整个国家被称为“骑在羊背上的国家”。由于澳大利亚的气候整体干旱，也没有大型的或密集的河流网，所以真正能放养羊的区域并不大。东南部和西南部的沿海地区，地势较为平坦，适合发展牧羊业，也适合发展种植业，小麦是澳大利亚种植面积最大的谷物。

于是，聪明的当地人将小麦种植业与牧羊业混合起来，形成了“你中有我，我中有你”的特殊方式：

1至6月，农（牧）民进行小麦种植，此时绵羊在圈定的草场上自由放牧；7至10月，小麦已在茁壮生长，农（牧）民腾出手来剪羊毛；11到12月，小麦成熟，进入收割的农忙期，此时绵羊可以在割完的麦田里自由地“吃喝玩耍”。这便是澳大利亚闻名天下的混合农业，小麦种植与绵羊养殖形成良性的生态循环。澳

◎吃草的羊群

◎金黄的小麦

大利亚东南部墨累—达令盆地的小麦—牧羊带是混合农业的典型代表。

就自然条件来说，从澳大利亚的绵羊身上，我们看到了气候、地形、河流、植被等众多因素的相互影响。不孤立地看待问题，而是利用整体性思维来观察、分析和解决复杂问题，是地理学的特点之一。

我国农（牧）民常将绵羊与山羊混在一起放养。在夏季的牧场上，如果是绵羊群，它们最爱聚在一起吃草，直到把一小块草地啃个精光，这个结果可不妙。要知道，草不仅是畜牧业赖以发展的重要物质基础，也是农田、林地不可替代的主要植被，还能调节区域气候和维持生态平衡，作用可大着呢！同时，绵羊怕热，夏天总爱挤在一起——自以为是在“聪明”地利用同伴身体来遮阴，实际上只会越聚越热。

怎么办呢？牧民就让山羊混入其中。有了活泼好动的山羊领路，绵羊就跟着四处游走，这极大地扩大了羊群的活动范围，也让牧草终于有了“喘口气儿”的机会。

山羊、绵羊在我国都有分布。例如，平均海拔1000米以上的内蒙古高原地势起伏微缓而辽阔，四季变化明显，牧草类型丰富多样，以禾本科为主，从而造就了“天苍苍，野茫茫，风吹草低见牛羊”的景象。

但牧民们可一刻没闲着。为了养出好吃的羊肉，他们需要在不同季节把羊带到不同的草场。内蒙古东部的夏季牧场有最受羊群喜爱的食物，即羊草、针茅、冰草等，它们为羊群提供丰富的

蛋白质。而在内蒙古的西部，草原逐渐被荒漠替代，但那里稀疏的小灌木更受山羊的喜爱。

冬季怎么办呢？牧民们也有办法。他们把羊群赶到河谷、盆地等凹陷地区的向阳面——那里既能防风，又有阳光照射，是冬季牧场的理想选址。

牧羊的空间选择很重要。在我国新疆，南疆地区的羊通常比北疆地区的更受欢迎，其原因在于：天山南北两侧的降水量差异很大，北疆地区的草原有北冰洋等水汽的滋润，环境较优良；而南疆地区则是高山环绕的塔里木盆地，气候极为干旱。

在这样的自然环境中，南疆的羊需要储存较多能量以支撑它们长时间运动寻找食物，所以它们通常水分含量更少、干物质更多，因此风味更为浓郁，无论是毛、皮、骨，还是角、肉、乳，无一不有益于人。相反，在水草丰美、食物充足的地区，羊没有多大的必要存储能量，反而会导致摄入能量过剩，脂肪层较厚，干物质的含量就低一些。

不过，无论是新疆、内蒙古，还是黄土高原，羊的鲜美肉质都是其他动物所不能比的，故汉字中有“羞”（有滋味者）、“羔”（味道尤美的小羊羔）、“羹”（五味调和的浓汤）。羊肉羹味道极其鲜美，《战国策》中记载，有一次中山国的国君宴请众大臣，老臣司马子期由于晚到了一点，席上的羊肉羹已被大家吃光了。他怀恨在心，后游说楚王攻打中山国。“羊”的诱惑力，由此可见一斑！

◎古岩画上的山羊

最后，小结一下：羊之所以特别受大家喜欢，说到底，是由于羊与人类之间的关系密不可分。中华民族进入文明社会离不开物质基础。在畜牧业中，羊的性情温顺、合群，容易被驯养，成为古人解决温饱问题的重要资源，甚至成了一道美食。

据记载，在宋朝时，羊肉成为皇家、士大夫阶层的主要肉食。《新周刊》杂志社在《显微镜下的古人生活》中写道："宋真宗时御厨每天宰羊350只，仁宗时每天要宰280只，英宗时减少到每天40只，到神宗时虽然开始吃猪肉，但御厨一年消耗羊肉43万多斤，而猪肉只用掉4131斤，还不及羊肉消耗量的零头。"当时，从官方到民间，大家都喜欢把羊肉作为头等肉食。连流放惠州的苏东坡，也要想办法弄些羊骨头回去解解馋呢！

随着时代的发展，牛、马等更加高大的哺乳动物日益重要，甚至成为交通、经济、军事上的重要影响因素，但人们始终没有忘记代表着吉祥、美丽、善良的"羊"。

地理知识提要：

★ 在地图上，人们将同一时间内降水量相同的各点连接起来的线称为等降水量线。

★ 400毫米等降水量线是我国种植业与畜牧业的分界线。

★ 黄土高原是一个亦农亦牧的过渡地区，分为西部、北部的游牧业和东南部的旱作农业。

★ 在特定的自然条件下，牧羊业与种植业的混合搭配，可以显著提升农业生产成效。

★ 随着季节的变化而轮换使用的牧场形式，称为季节牧场。

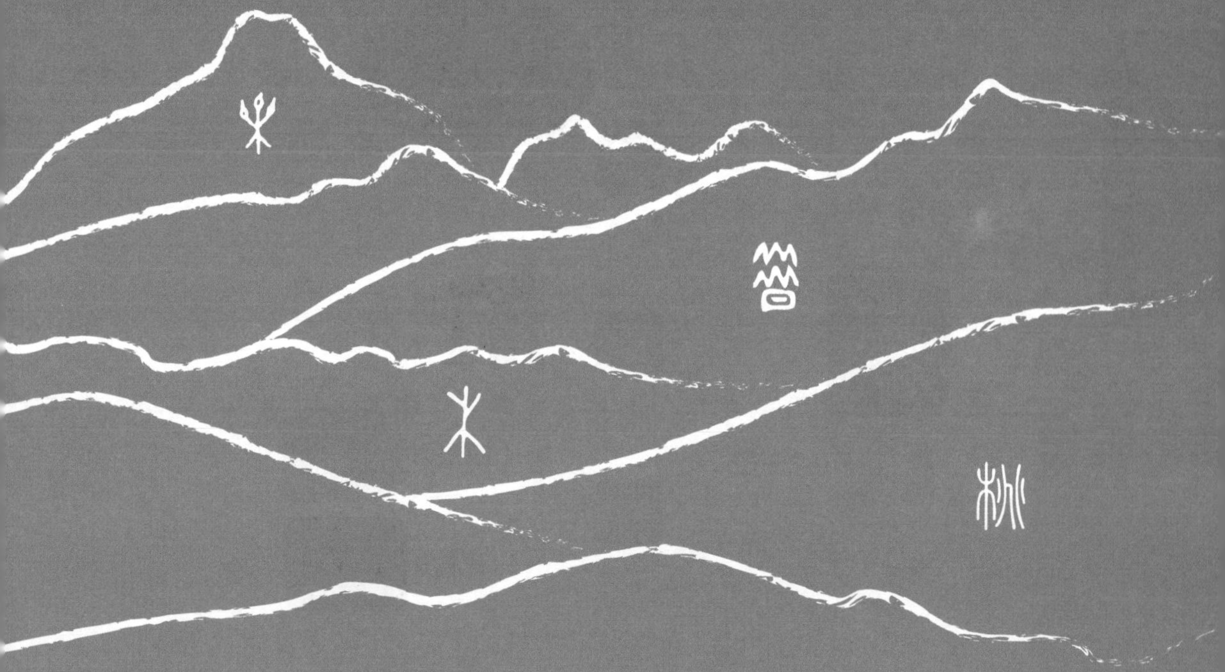

第三章

多彩的林果业

本章思维导图

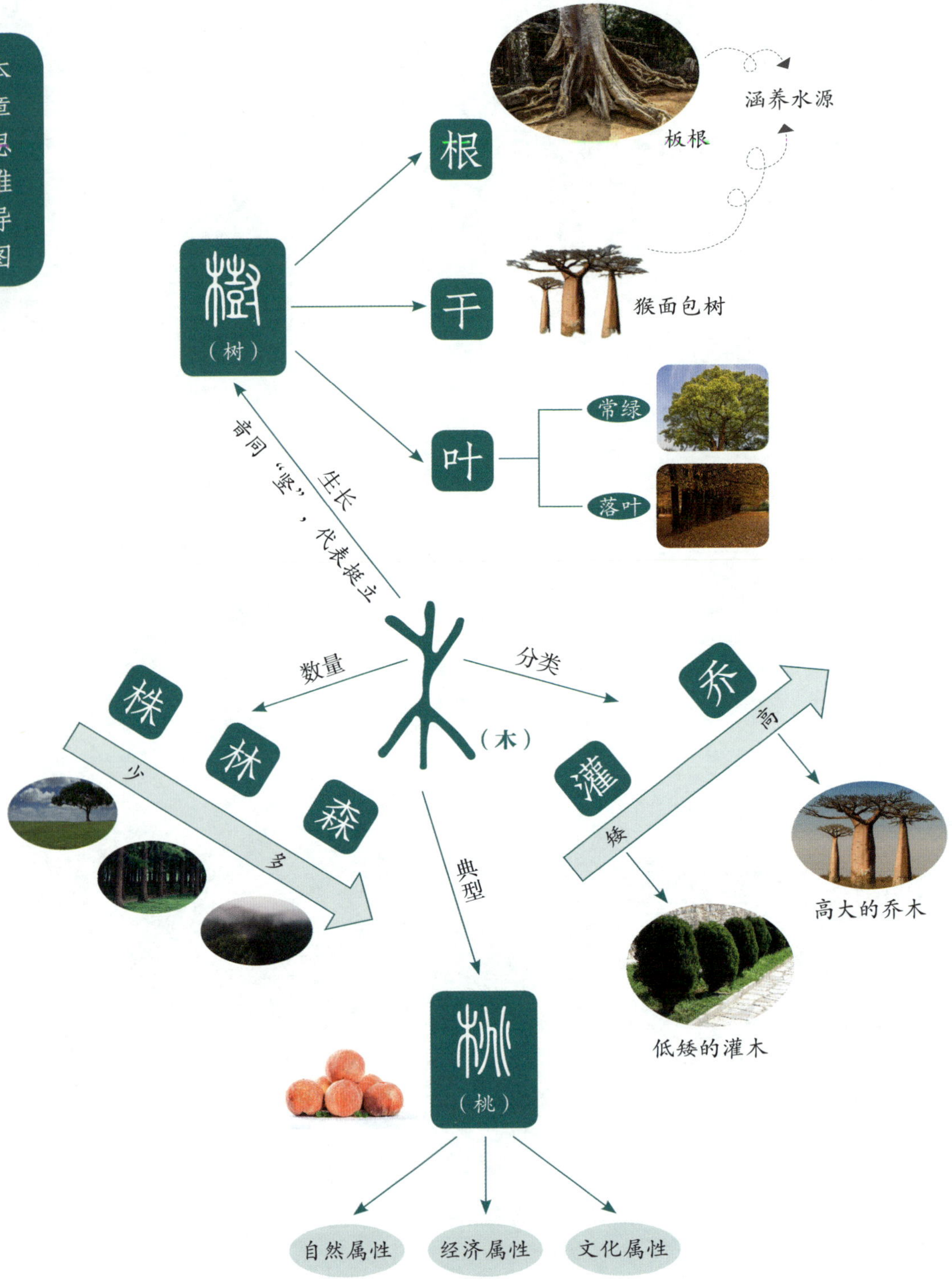

（树）
根
板根
涵养水源
干
猴面包树
叶
常绿
落叶
生长
音同"竖"，代表挺立
（木）
数量
株
林
森
少
多
分类
乔
灌
高
矮
高大的乔木
低矮的灌木
典型
（桃）
自然属性
经济属性
文化属性

[字源]

木，冒也。冒地而生。

——《说文解字》

[字解]

“木”是象形字，有可能是最古老的甲骨文之一。从甲骨文到篆书，它的形象都是一棵挺立的大树，笔画虽然简单，但上有枝叶、中有树干、下有树根，简直活灵活现。在隶书中，字形变作“”，枝叶被拉直，变为一横，失去了原来的外形。值得一提的是，金文中有一种写法是“”，乍一看像是章鱼，即便如此，仍不失“木”的基本结构。

“木”也是汉字的一个部首。我们知道，当某字演变为部首，就往往意味着它是汉字王国中的一个重要角色，因为它总能演化出许许多多的“子孙”。要想了解林果业，“木”字将无法回避。它对林果业的描绘，以及其各种各样的衍生字，好像一处隐秘的、密不透风的“知识丛林”，记录与还原着林果业的重要历史。

[字变]

甲骨文　金文　战国文字　篆书　隶书

[字说地理]

参天夺“木”

“树”，是我们最熟悉的汉字之一。但若时光倒流，古人见到“树”这个字，一定疑惑不解，因为他们把“树”叫作“木”。《说文解字》对“木”的解释是：“木，冒也。冒地而生。”生动形象地描绘了树木自下而上的生长状态。“冒”透出生命的韧性，也潜藏着无限的可能。我们的祖先对树木的观察十分仔细，常常用不同的汉字表示树苗、小树、大树等树木的不同状态，一棵树的不同部位。据统计，《现代汉语词典（第7版）》中共收录了约1000个“木”字旁的汉字，这一现象反映出我国人民对树木的认知已到了令人惊叹的地步。

◎钉耙是一种农具，犁地时可用于将田地里的土块打碎，清除石块和杂草

今天，我们早已改变古人的称呼习惯，将“木”称为“树木”或“树”。可能因为树是竖立着生长在地面之上的，所以读音与“竖”相同。

以农业为主的时代，人们用木头做了许多农具，比如古代的一种三行条播器“楎（huī）”，四齿耙“欋（qú）”，“杷”指一种有齿和长柄的农具，还有柫（fú）、桲（bó）等打谷脱粒的工具。在养殖业、纺织业中，“杼”表示织机的木制梭子，“样”是搁架蚕箔（一种养蚕用的平底竹具）的横木，“柙”指关野兽或牲畜的笼子等。

林果业是指以经济林木和果树为主体的一种农业类型，它是农业产业结构的重要组成部分，与种植业、畜牧业共同构成基础农业形态。直至今天，林果业依旧发挥着非常重要的作用。

“木”字包含着人类对林果业的探索和认识过程。比如，“本”字的篆书写作“本”，即在“木”底下添一短横，最初的意思是树木的下部，或可称树根。树根是给树冠传送能量、营养的。

在洪灾、涝灾等与水有关的灾害中，我们常常会听到“植树造林”四个字，秘密就在于：林木如同天然蓄水系统，能有效吸纳地表肆意横流的大量雨水，从而达到预防或减轻洪涝灾害的效果。

雨水多时，森林可吸纳水分；雨水少时，森林又慢慢释放水分。所以说，水是生命之源，森林是水之源。而这一切的功劳，根系算第一。

◎城市公园里的林木

定海神“根”

唐代著名谏臣魏徵在《谏太宗十思疏》中说：“臣闻求木之长者，必固其根本。”树根就像一个精密的地下泵送系统，不断从地下汲取水分和养料，供茎干、枝叶生长。同时，它对树木自身也具有支撑作用，将地上的躯干部分牢牢地固着在土壤上。在热带地区，由于气候炎热，降水充沛，土壤中水分过多，深土层的根系得不到所需的空气。为了保障呼吸和养分吸收，树木只好把自己的根尽量“上移”，个头也尽量长得高一些。这样，你就会在地面上看到特别发达的根系，它们还有一个专属的名字，叫“板根”。板根不仅能让植物在多雨的潮湿环境中正常生长，也能成为防范动物入侵和增加人类砍伐难度的有效手段。树木的智慧实在叫人不可小觑啊！

◎发达的“根网”

我们再细细看右图，是不是发现根系具有分杈的特性？事实上，在生长的过程中，树木的根会逐渐分杈：由一根变两根，两根变四根，顺着石头之间的缝隙，在土壤里越钻越深，最后将土紧紧“锁住”，形成一张致密的“根网”。

要知道，土壤若结构比较疏松，流水便很容易将其带走，而植物的“根网”增强了树木与土壤的联系，同时还可以缓冲雨水的冲刷。因此，人们在林果业实践中，往往特别注重养根护根。这样，既为林木长期生长奠定基础，又能显著降低水土流失的风险，维持整体生态的健康与平衡。

古人显然也看到了这一点，他们发明了汉字“不”。“不”的金文为“X”，就是一个巨大的根，代表根基。“不”和“丕”相近，表示树根的底基，这一含义在动物身上则表现为“胚”字，初步成形的胚胎在母腹中被古人视为根基。

树木有了粗壮的根，就会长出或高或矮的树干。树干也有专属的汉字，叫“朱”，后来演变成了“株”。“朱”的甲骨文“𣎳”的中间有一个黑点，指树木的中心。

◎粗壮的猴面包树

非洲草原上有一种高大的树，因猴子喜欢它的果实，被当地人称为“猴面包树”。这种树是巨型乔木，常常需要数十人手拉着手才能围住树干。猴面包树怎么能长得如此巨大呢？这与它们的超长寿命有关，不少树龄有5000余年。当树根提供的养料足够充分时，试问，这种树长得能不粗吗？

在地中海西西里岛上有一棵古栗树，树干基部有个大洞，采栗人常把它当作临时住所或仓库。传说曾统治西西里岛的国王阿拉贡带百骑卫队巡视埃特纳火山时，突然遇到大雨，大家躲在这棵树的树洞中。巨大的树冠和空旷的树洞居然使得他们丝毫没有淋到雨。为表彰其“护驾有功”，国王特赐其名“百骑大栗树”。

“乔”分南北

“乔”字本身有“高”的含义，乔木通常指植株高大的树木，也是一般意义上的“树”。它们有明显的高大主干，分枝距离地面较高，可以形成树冠，如松树、桦树，以及部分果树等，有较高的经济价值。在温带地区，乔木按冬季的落叶情况，分为常绿乔木和落叶乔木。

◎常绿乔木

◎落叶乔木

古人观察到，树木总是成片成片地出现，于是造出了汉字“林”和“森”。它们都是会意字，二木为“林”，表示丛聚的树木；三木为“森”，表示树木众多的样子。叫人大开眼界的是，在甲骨文中，“林”是两个并列的“木”，而“森”真的可以写成三个并列的“木”——只是后来为了美观，将一个“木”移到了上方，渐渐成了现在的模样。

◎“林”的甲骨文

◎“森”的甲骨文

“林”后来用以比喻同类的人或事物的聚合，如“士林”“竹林七贤”“绿林好汉”等。在现代使用中，“林”多表示人工栽培的树林，如“人工林”“防护林”等。而“森”更偏向于自然形成的森林，因为比“林”更密集，所以常被用来表示阴沉、幽暗的环境，如“阴森森”等。

我国大体以“秦岭—淮河”一线为界，分为南方、北方两大地理区域。南方地区的树木多为常绿乔木，北方地区的树木多为落叶乔木。

南方的乔木中最经典的是榕树。在闽南地区，榕树被称为“神树”，是当地人心中一种有神性的树。

◎福州因盛产榕树而得名“榕城”

榕树在热带、亚热带地区，具有强大的适应性，其气生根能附着岩石生长，其生命力的顽强和坚韧让人震撼。榕树长寿，能活上千年，树干粗硕无比，树冠浓荫蔽日。

无论冬夏，榕树永远一身碧绿，枝繁叶茂、遮房掩寨。只一棵树，树冠就可以遮蔽数百平方米。孟加拉国有一棵有900多年树龄的巨榕，树荫下居然形成了一个不小的集市。

当然，常绿乔木并非南方独有。松、柏等一年四季常绿的树木在北方也很常见，它们的叶片表皮有着厚厚的角质层，皮下纤维层发达，所以特别耐寒，风吹不落、经冬不凋。落叶乔木多集中在我国北方——古代中原地区就在那里。

历史瞭望

你不知道的落叶乔木

历史上，默默无闻的落叶乔木也曾大放异彩。除了被用来制作各式家具，在冷兵器时代，落叶乔木也是制作武器的原材料。

三国的赵云凭一杆长枪，在长坂坡“七进七出”。但鲜为人知的是，制作长枪最优质的原材料就是白蜡木，它取自一种北方常见的落叶乔木“白蜡树”。原木被加工后，通体洁白如玉，坚而不硬、柔而不折。白蜡树的弹性、韧性是其他木质不可比拟的，属稀有的品种。一直到抗日战争时期，我国农村地区民兵使用的红缨枪都是以它为原材料的。

◎使用白蜡杆长枪的士兵

落叶乔木为什么会落叶呢？这个有趣的问题，很值得探究一番。

“谁念西风独自凉？萧萧黄叶闭疏窗。”当树叶开始变色并在风中悠悠飘落的时候，我们就知道秋天到了。在纬度比较高，秋冬季降温幅度较大的地区，杨树、柳树、枫树等很早就开始落叶了。

落叶其实是植物的一种自我保护行为。当气温和土壤温度降低时，叶片进行蒸腾作用会消耗大量的水分，导致树木容易受损。加上此时树根吸收水分的能力下降，造成水分、养料供应不足。

于是，树叶由绿变黄并脱落，随着秋风回归大地的怀抱。这种机制可以保证树木体内有足够的水分，同时减少热量散失。这是树木对低温、干旱等不良气候环境的一种适应方式。落叶完成后，树木便进入休眠期，以此安全度过寒冷的冬季。

◎『叶』的甲骨文形象类似树的末端有三片树叶，树木细碎的末端就是叶子

同时，我们还可以追问：树木落的为什么是“叶”，而不是其他东西呢？这得从“末”和“叶”两个字说起。

“末”字是在“木”字的上面加一长横，指的是树木的末端，如“本末倒置”“秋毫之末”等，都是“末端”之意。末梢是树木最后生长出来的，并不是树木最重要、最根本的部位，于是有“不重要”的意思，如“舍本逐末”；树木的枝梢都比较细碎，又引申出“碎屑”的意思，如“粉末”“碎末”等。

说了这么多，其实已经可以猜到答案了，树木“细碎”的“末端”就是叶子。“叶”的甲骨文似在树的末端有三片树叶，“三”即“多”的意思。桑树的“桑”字，上面的三个“又”，其实就是叶子。当水分、营养不足时，树木会优先保护自己的核心，比如树干、树根，而舍弃相对不重要的末梢，即叶子。

落叶与温度有关，而温度主要和纬度、海拔有关。所以，我国南方海拔足够高的地区也有大量的落叶乔木分布。譬如“山城”重庆就存在大量的水杉、枫香等落叶树种。

落叶乔木自身具有一定优势。夏日，它们枝繁叶茂，可以遮蔽阳光，有利于降低地表温度。冬季，叶子掉落，“光秃秃”的林木一下子多出许多空间，此时，阳光直达地表，有利于提升地表温度。我国北方冬季较为寒冷，采光成为人们建房时必须考虑的因素。当我们来到华北地区的乡村，会看到房前有多种落叶乔木，如玉兰、海棠、香椿、苹果等，而少见常青的松柏，原因即在于此。

另外，经过一系列物理、化学作用，枯叶会变成富含营养的腐殖质，重新被根系吸收，实现“落叶归根”。

◎河北荣国府门前的海棠

“灌”通东西

“木”还包括灌木。云南德昂族将“茶”视作人类的起源。德昂族史诗《达古达楞格莱标》中记载，当大地一片混沌时，天上美丽无比的日月星辰都是由茶叶的精灵幻化而来。茶树愿意下凡，于是万能之神掀起狂风，撕碎茶树，使叶子飘飘下凡，并在狂风中变成了男人和女人。

“茶”最早是作为药物进入人类世界的，自然极其受到重视。茶树身材矮小，没有明显的主干，近地面处会长出许多枝条，或为丛生的模样，正是灌木的基本标志。

灌木虽小，但用处可一点儿也不小。有一个词语叫“荆棘”，其中“荆”和“棘”都是典型的灌木。尤其是“棘”，它由两个“朿”（cì，音同“刺”）构成，甲骨文字形为“”，表示一棵树上长满尖刺。灌木多带有尖刺，这在古人看来不适合日常使用，比如“负荆请罪”的“荆”，就是作为刑罚工具使用的。但古人明白“荆”有着大用场。“荆”的花与果实可作药用，枝条坚韧，可用于编制篮、笼、篱笆等，用途十分广泛。

◎山野间带刺的小灌木

从生态保护的角度看，灌木似乎更胜一筹。相比乔木，灌木生长速度比较快，蒸腾作用偏弱，能很快形成密集的灌丛，栽种在坡地上，两三年就能形成覆盖面较大的地面植被。灌木在我国西北地区被广泛种植。西北地区降水匮乏且风沙肆虐，灌木凭借需水量少、易成活的特性，既可以阻截黄沙，又可以改善土壤结构，是十足的“生态卫士”。

知识拓展

沙漠寻宝

梭梭是我国西部干旱地区的“生态卫士”。它通过根系网络有效固持沙粒，不但能遏制土地沙化，还能改善土壤结构。梭梭是沙漠植树造林工程中的先驱者，如果它们能够在某地生存，那么某地植物的多样性将得到很大提升。植物多样性越丰富，动物食物链就越丰富，当地的生态系统也就越健康。

◎梭梭

◎肉苁蓉

肉苁（cōng）蓉（róng）是名贵的中药材，通过吸收梭梭根部的营养和水分而活。两者常常结伴而生，既能改善环境，又可带来一定的经济效益，备受人们的喜爱。

最后，我们稍做小结：以汉字“木”来说，从生长顺序上看，是“本—朱—末”，即树根、树干、树梢（树叶）；从数量上看，由少及多，依次是“株—林—森”；从分类上看，又有“乔—灌”之别。它们都是生物自身与大自然相适应的结果。

这种结果，我们可以称作“才”。它不仅仅指木“材”，还指带领民众致富的钱“财”，更指能因地制宜、保护绿水青山的人“才”。

由于不同的自然地理区域有着迥异的植被组合和风土人情，人们对森林的期望也就不同。在东北林区，森林面积广，人们把经济效益排在第一位，希望产出更多的木材，工业性伐木程度高。

南方林区则不同。那里亦林亦农，森林面积较小且分散，水热条件好，适合生长的植物种类多。南方的林木普遍生长快、周期短，且种类丰富、用途广泛，除了用作木料，还能制作成油料、染料、饲料……简直无所不能。除此之外，人们更希望森林能维护生态环境，并保护农业生产。

至于西北黄土高原，自然条件堪忧，防风、固沙、保水、保土是重中之重。所以，不论乔木、灌木，乃至杂草，只要能缓解当地灾害和改善恶劣条件，那就是“好木”。

千言万语汇成一句话：人类的发展史表明，人类是在森林摇篮中进化、成长，最后才走出森林，创造辉煌的文明的——直至今日，森林仍在呵护着人类。

地理知识提要：

★ 森林具有涵养水源的作用，能有效地抵御洪水。

★ 森林可吸纳水分，雨水少时，森林又慢慢地释放水分。所以说水是生命之源，森林是水之源。

★ 我国南方地区多常绿乔木，北方地区多落叶乔木。

★ 我国西北地区降水匮乏且风沙肆虐，灌木可以阻截黄沙、改善土壤结构，是十足的“生态卫士”。

[字源]

桃，果也。

——《说文解字》

[字解]

从“木”字旁来看，“桃”是一种树，但它的本义是果实。在汉语中，以果实来命名果树的有很多，如苹果树、梨树等。再从果实引申到果树的其他部件，例如桃花、桃梗、桃叶等。

《诗经》中的名句“桃之夭夭，灼灼其华”，说的就是桃花。“桃”字的右半边是“兆”，既表音又表义。“兆”本指古人占卜时龟甲被烧灼后所呈现的裂纹。这些裂纹被视作神的旨意，可预判吉凶。后来，“兆”与在古人眼里具有通神能力的“桃”合而为一，两字意义就此相通。那么，

"桃"怎么会有如此神奇的力量呢？

[字变]

战国文字　篆书　隶书　楷书

[字说地理]

桃之源

水蜜桃、蟠桃、黄桃、油桃，让整个夏天有滋有味。水果店、奶茶店、饭店，处处都可以看见桃的身影。桃和茶组合，成了奶茶店的夏季主打；桃和冰搭档，成了甜品店的消暑利器。素有"天下第一果"之称的桃子，是最受人们欢迎的水果之一。

虽然汉字"桃"出现得比较晚，但桃子在我国已经有几千年的种植历史，考古挖掘出战国时期就有记载桃树地域分布的史料。《山海经》对"桃"的地域分布记录有"边春之山""岐山""卑山"等几处。今天，桃子在我国分布广泛，以黄桃为例，华北、西北、西南等地区均有规模化种植。

◎穿上"红衣"的小小油桃

桃原产于我国，沿着“丝绸之路”从甘肃、新疆经中亚传到波斯，其后由波斯传到亚美尼亚，继而引种到希腊、罗马、法国、西班牙和葡萄牙等地中海沿岸国家。

作为果树，桃树对环境的适应性很强，而且丰产。“宁吃仙桃一颗，不吃烂杏一筐”“桃养人，杏伤人”等俗语，说明桃子具有填饱肚子又不容易伤身体的优点。《诗经》中说“园有桃，其实之肴”，意思是“园子里的树上结满了鲜桃，那些甜美的果实可吃个饱”，说明古人早就发现桃肉适合食用这一点。

不过，桃树的这些优点可能来自严苛的生长环境。比如，相比于其他果树，桃树对温度比较敏感，不喜欢高温，也不喜欢低温。在自然界（这里指大气层底部），地势每升高100米，气温平均下降0.6℃，通常情况下，海拔越高，气温就越低。海拔2200米以下，桃树生长、结果良好，但超过这个高度就发育不良了；2400米以上，便很难见到它的身影了。白居易诗句“山寺桃花始盛开”中的大林寺，海拔为1200米左右，那里桃花长势茂盛，是桃树生长的理想环境。

相对来说，平地桃园就略逊色于山地。桃树喜光照、喜通风，不少人以为向阳坡是桃树生长的最佳环境——那里光照充足，桃树往往生长得更茂盛、葱郁。事实上并不一定。我们不能只考虑光照条件，而忽略了水分、坡度、土壤等其他看似不起眼的因素。科学研究最讲究控制变量，影响植被分布的变量并不少，要是武断地下结论，往往会出问题。

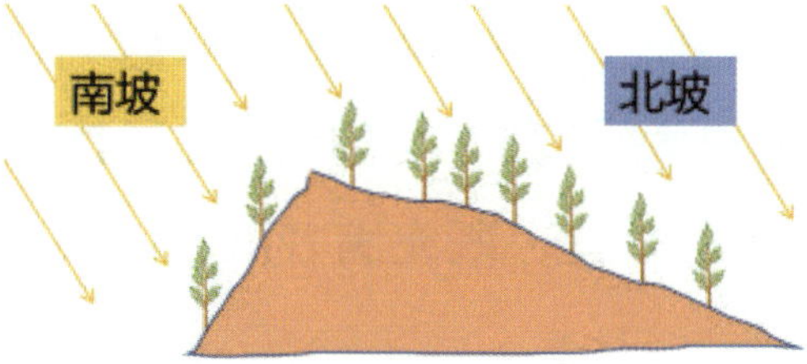

◎不同的坡度和坡向，均会影响植被的生长

在山区，小范围内植被的变化并不明显，比如一处丘陵或一座低山，即便能看出差异，也大多不是按照南北方向呈现。如果南坡是阳坡，那么南坡的桃林就一定比北坡的更茂密吗？实际上并不是那么简单。如果南坡的地势陡峭（如上图所示），土壤就难以厚积，地下水也容易流失。同时，若是光照过多，蒸发太大，缺水情况也会加剧。如此种种，桃林苦不堪言，看起来并不茂密。

我国是北半球国家，背阴坡通常为北坡，但北坡一天当中并非完全不见阳光。日常经验告诉我们：夏季，我国日出东北，日落西北，中午前后，北坡就能被阳光“眷顾”。此时，若北坡的坡度较小，或者附近有水源，那放眼望去，北坡的桃林反而比南坡更茂密。

◎有些地区降水少，向阳坡蒸发量大，植被反而稀少。此时，水分和地形往往成为植被分布的重要影响因素

此外，由于山地有一定坡度，便于排水，桃树不易被水浸泡。这对害怕浸在水里的桃树来说太重要了。“山上层层桃李花，云间烟火是人家”等大家熟悉的古诗，既充满着浓浓诗意，又描摹了真实的客观世界。

在现代农业分类中，桃树属于林果业。可以说，除耕地、草地、河流以外，所有的荒山都可以成为林果业的种植地。当然，古人不仅种桃，还种植苹果、梨等果树，那么，为什么桃的地位特殊呢？除了前面列举的原因，还和桃树的生长周期有关。桃树开花早，“仲春之月，桃始花”。“仲春”，春季的第二个月，即农历二月。桃夏日成熟，而且花期短，是一年之中较早收获的果实。古人甚至以桃树开花结果是否出现异常来预判吉凶。由此不难看出桃在古人心目中的神圣地位。

桃子先熟的特性可以帮助人们安然度过食物匮乏期——相对粮食来说，桃子可以在野生状态下生长，不需要人们辛苦劳作，种植成本更低。甚至，我们可以大胆猜测，“桃”的发音之所以近似于“逃”，证据可能就在“夸父逐日”的传说中。

文化加餐

夸父逐日

夸父逐日是我国非常有名的古老故事。有学者认为，“夸父”不是指一个人，而是一个部落的名字。夸父死后化为“邓林”，其实就是桃林。整个故事，梳理之后应该是：

夸父族为了躲避一次罕见的大旱而逃荒远行，去寻找

◎夸父逐日

传说中的“大泽”（大片的水泽、湖泊）。在漫长的行程中，许多族员在千里赤地中干渴而死，可“大泽”却丝毫不见踪影。危急时刻，首领毅然决定放弃原计划，让大家前往山间或野外寻找野果自救。果然，不久后，众人幸运地找到一片结满桃子的桃林（桃子可以充饥，桃树底下有着充足的水源），而首领因过度饥渴而献出了生命。

故事被神化后，演变为“夸父献身，化为邓（桃）林”的传说。

桃之用

从自然灾难的角度理解，干旱和洪涝是我国最常见的两种自然灾难，这从“灾”字的繁体字写法“災”中可见一二，“災”字上“水”（其实是“川”字，表示水）下“火”。你们知道西方挪亚方舟的故事吗？故事中一场史前的大洪水淹没了旧世界，这场世界级的灾难或许在东方也存在，并可能被我国的“昔”字记录了下来。

看！“昔”字的上面是滚滚波涛，下面是一轮太阳。整个画面十分宏阔：水势巨大，漫无际涯，简直是一种毁天灭地的情形。无论是水灾、旱灾，幸存的人们往往会去地势较高处求生存——山上不易被淹，又可借助野果饱腹。山林还能遮挡骄阳，有助降低地表温度。

◎甲骨文“昔”

或许，在史前的灾难中，人类正是靠桃林度过了最困难的时期，拯救了生命、保住了族群、赓续了文明。桃在中国文化中具有的“延寿”“辟邪”等种种积极的精神象征可能正源于此。

古人认为吃桃能长寿，连年画上的寿星，其头顶也有一个圆圆的、高高的隆起物，像是颗成熟的桃子。现实中，桃子是一种营养价值很高的水果，含有蛋白质、膳食纤维、维生素等，不但具有益寿延年的功效，还有不俗的医药价值，如治风痹、疟疾等。

◎年画上的寿星，也叫“南极仙翁”，他手里有颗硕大的仙桃。“桃”与“寿”的发音在古代是相似的。“桃”与“寿”，有着千丝万缕的文化关联

◎门神神荼与郁垒

桃还被赋予“辟邪”的文化属性，例如，民间流传有用门神神荼、郁垒和桃木驱邪避灾的风俗。人们用桃木雕刻成神荼、郁垒神像，或在桃木板上刻上神仙的名字，挂在自家门口，用以辟邪防害。这种桃木板被称作“桃符”。王安石“千门万户曈曈日，总把新桃换旧符”的诗句深入人心，后桃符逐渐演变为现在的春联。

桃之韵

桃树具有育果早、产量大、易栽培等特点，与苹果树、梨树等其他落叶果树相比，种桃能更快地获得经济效益，所以桃树特别受到人们的青睐。市场上，桃子因货架期短、区域性供应集中，其市场价格波动显著，高经济效益让它与人类的关系更为密切。

所谓落叶果树，即指在一年中的某个特定时期会出现落叶现象的一类果树，属温带气候中的典型品种。桃起源于我国西北和西部地区，本就耐寒、耐旱，但不能终年生长，一年内有明显的休眠期和营养期，并且会定期落叶。

“落红不是无情物，化作春泥更护花。”掉落的枝叶会变成养料，成为土壤中腐殖质的重要来源，呵护树木下一次的开花、散叶、结果。事实上，桃树对土壤肥力要求比较高，它的生长地多是沃土。《管子》中记载："五沃之土，其木宜桃。""五沃"表示上等的肥沃之地，历史上有许多以"桃"来命名的肥沃之地。春秋时期，鲁国有"桃邑"，卫国有"桃丘"；战国时期，齐国有"桃地"，著名的函谷关有"桃林"之称。上述这些地区，均属于富庶、发达的文明地区。

◎桃花景色

知识拓展

认识"腐殖质"

腐殖质是植物的"食物"，也是土壤肥力的重要来源，可视作土壤的核心竞争力。我们知道，动物或植物死亡后，它们的残体会在土壤中腐烂，并被微生物分解。分解之后的产物就成了腐殖质。另外，那些在土壤中生活的蚯蚓、蠕虫、蜗牛、千足虫、蜈蚣、蚂蚁等动物，它们的分泌物、排泄物，也都是腐殖质的重要来源。

腐殖质是供植物生长的肥料。腐殖质越多，土壤颜色越深、越肥沃。人们常用种植绿肥、施农家肥和收集落叶沤肥等方法提高土壤中的腐殖质比重，以提高土壤肥力和保持土壤湿度，最终促进植物的生长和发育。

◎核雕作品

桃与人类的关系，从桃木上也能窥见一二。桃木质地精良，耐久常新，色泽富丽华贵，纹理疏密流畅，兼具实用性、艺术性、观赏性。随着树龄增加，桃木由浅黄变为深红，加上硬度适中、便于加工，因此可以用来制作各种工艺品，如桃人、桃印、桃符（桃板）、桃木剑等。语文课本里的《核舟记》描述的就是一艘用桃核雕刻而成的“核舟”，惟妙惟肖，栩栩如生，叫人赞叹。

人人追求的美好时光——“桃李春风”、美丽外貌——“面若桃花”、纯真友谊——“桃花潭水深千尺”，这些美好的词句，都可见桃的身影。作为林果业代表的“桃”，由于与人类有着非常紧密的联系，已然化为人们平凡生活的一部分。

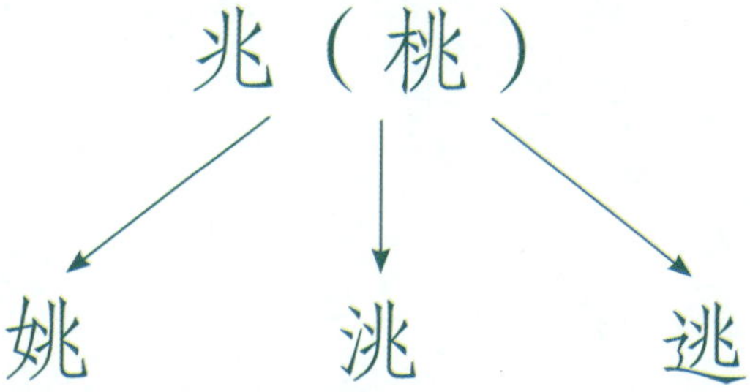

今天表示“预兆”的“兆”，古人认为其是神的某种旨意，“兆”与同样带有“神通”的“桃”都带有一定的神秘性。据考

证，舜生在姚墟（今河南濮阳），其后子孙便以其出生地为姓，称为姚姓。

桃对我们生活的改变或许超过了自然地理或经济地理的范畴。比如，当人们留在平原和山地，那里的地名多带“桃”；住在近水的地方，就有“洮”；躲避灾难时，则叫“逃”……

地理知识提要：

★ 在自然界（大气层底部），地势每升高100米，气温平均下降0.6℃。

★ 我国是北半球国家，大部分国土面积在北回归线以北地区，山坡向阳坡多为南坡，背阴坡则为北坡。

★ 相比于平原，中低海拔的山地对林果业的发展更为有利。

★ 腐殖质是植物的“食物”，也是土壤肥力的重要来源。

第四章

深厚的农业文化

本章思维导图

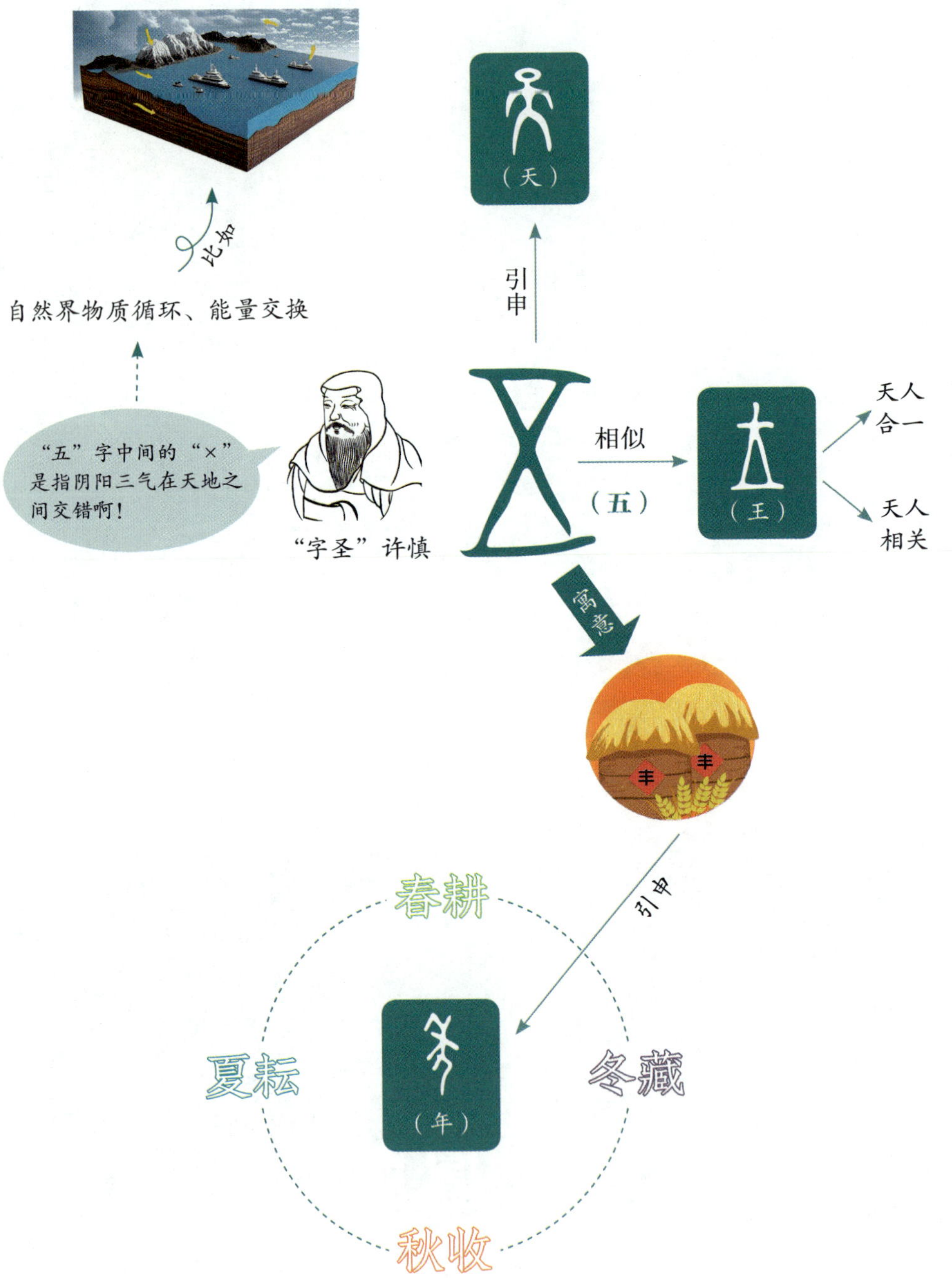
比如
自然界物质循环、能量交换
“五”字中间的“×”是指阴阳二气在天地之间交错啊！
“字圣”许慎
引申
（天）
相似
（五）
（王）
天人合一
天人相关
寓意
丰
丰
引申
春耕
夏耘
秋收
冬藏
（年）

[字源]

王，天下所归往也。

——《说文解字》

[字解]

据古文字学家们考证，“王”字起初作“”，之后添了一横写成“”“”等。

回到汉字本身来说，《说文解字》中提到，董仲舒认为“王”由“三”和“丨”构成，三横分别代表天道、地道、人道，中间一竖将三者贯穿起来，能同时通达它们的，就是王。

也有人用“权力”来解释这个字，他们认为整个字形是一把没有柄的斧子，尤其是金文“”，最下面带些弧度的一横即斧刃。在古代农业社会，斧子不仅是农具，还象征着统治力。

[字变]

甲骨文　金文　战国文字　篆书　隶书

[字说地理]

解读“王”道

英国科学家贝尔纳说，语言是现今仍然活着的遗物。语言中蕴藏着大量的物质文化信息，它犹如一面镜子，可以映照出古代文化的原始面貌。汉字是我国语言中最重要的辅助工具，是文化传承的重要载体。

我国是一个农业大国，农业文化历史悠久，农业文明源远流长，汉字记录了一些有关农业文化的信息。通过汉字，我们可以了解不少农业知识，感受古人的智慧和丰富的想象力。

“王”字笔画很少，却凝聚着农业文明的重要思想和文化。在义务教育地理课程的核心素养中，“人地协调观”是地理课程蕴含的最核心的价值观，而这，居然可以从一个汉字上体现出来。

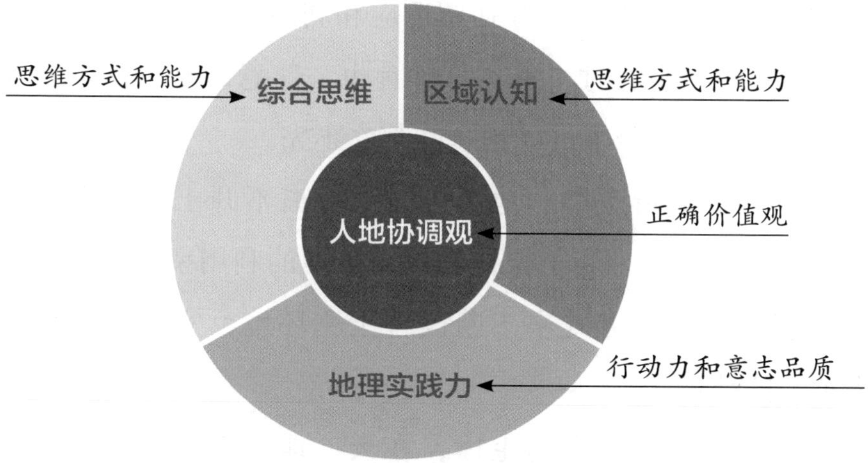

◎地理课程要培养的核心素养图

“王”字的结构中最重要的是那一竖，可以沟通天、地、人三者。能做到这一点的，就叫“王”，用《说文解字》的原话说，即“天下所归往也”。

在发展农业的过程中，人们发现“人”与“天地”是协调、统一的。也就是说，按照天地（即“大自然”）的规律来思考、做人、做事，效果往往很“灵”。拿“民以食为天”来说，祖先之所以有这样的“觉悟”，归根于农业。倘若不管老天，遇到各种灾害性天气，该如何让田里的作物成活？倘若不顾大地，碰到盐碱、沙地、石滩，种下的种子难以发芽，又该如何生存？人的力量，在天地面前终究是渺小的。

我国古人认为，天、地、人三者是一个相互联系、有机协调的整体。农业生产中的“天”主要指气候条件，包括光、热、水、气等，即古人所谓的“天时”或“农时”。古人知道自身无法改变气候条件，因此只好强调适应和利用它。《孟子·梁惠王上》有云：“不违农时，谷不可胜食也。”意思是，从事农业劳动，只要不违背时令节气，粮食吃都吃不完。

“地”主要指土壤、地形等。农业离不开土地，土地是农业生产的基本条件。为了保持和提高土地的利用率，古人通过耕作、施肥、灌溉等方式来不断改善土壤环境，实现“用地”与“养地”的结合。

“人”是农业生产的主体，在天、地、人三者之中处于首位，由“人力”与“人和”组成。“人力”又包括“智力”和“体力”两个方面，“人和”主要指人与人之间依靠道德所维系的人际关系。

《荀子·王制》中记载：“上因天时，下尽地财，中用人力，是以群生遂长，五谷蕃殖。”意思是只有在天、地、人形成最大合力的情况下，万物才能顺利地生长，五谷方可充盈。

这种价值观念延续到了今天。比如，我们都知道“姓氏”，可究竟什么是“氏”呢？有一种观点以“氏为姓之分类”类比树根生枝，将“氏”看作植物的根。古人观察到很多树木在秋天会落叶，这些落叶最终作为养料被根吸收，于是，“落叶归根”作

为一种大地上的自然规律被人们迁移到思想观念中。中国人“落叶归根”的思想观念既是一种文化追溯、心理认同，又体现着中国人对生养自己的土地的热爱。

有趣的是，从“氏”出发，古人又创造了“衹”。由于土地和人类有着十分密切的关系，它是人们立足、发展、繁衍的平台，因此，古人将土地神化，并顶礼膜拜。每当发生与土地相关的自然灾害时，人们便认为是自己的行为惹怒了主宰土地的神灵，不但自己连连磕头跪拜，连代表统治者的“王”也要到名山大川祭拜、祷告。因此，古人常常举行祭祀仪式，以求慰藉土地神，免除灾祸，得享恩泽。直到今天，很多地区仍然存在祭拜土地神的风俗，这既是对古时遗风的传承，也源自人们对神灵的崇拜心理。

敬“天”化民

比“王”字更能形象地反映“天人合一”思想的是汉字“天”。你瞧它的甲骨文“”的呆萌样，可不就是一个人的形象吗？这个人的头特别显眼，有观点认为“天”最初的含义是“头”或“头顶”。《山海经》中记载有刑天被天帝斩首的

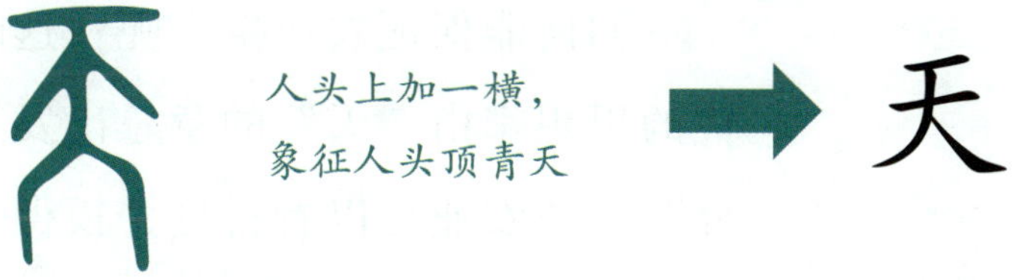

◎人与天

◎『五』的甲骨文也含有代表天地的两横，整个字表示阴阳二气在天地间交错

故事，其中“刑天”之名，就有被斩首的意思。今天我们仍能见到这种意指——中药中有一种治疗头疼的药丸，名叫“正天丸”，这里的“天”就指“头”。

后来，天被引申为最高的地方，没有什么比天更高了，从而产生了天“至高至上”的观点。在农业社会中，“靠天吃饭”成为一条古训。天除具有“天气”或“气候”的含义外，还代表天象，兼有授时的功能，生活中“今天”“明天”的“天”，其实就是这一功能的表现。另外，天还有“天灾”“天赐”等表示祸福之意。总之，关于“天”的话题，三天三夜也说不完。

《史记》中有言：“王者以民为天，而民以食为天。”“王—民—食”形成一条价值链。对国家而言，人民是根基，是一国之“天”，这就是朴素的民本思想。而对民众来说，农业是根本保障，是万众之“天”，由此又产生了“贵粟”思想。

如何能保证农业生产呢？这时候，古代的思想家由“天”的意象出发进行“细分”，使农业可以看得见、摸得着，其中具有代表性的就是数字“五”了。

现在沿用的汉字数字正是由甲骨文演变而来的。“五”和“天”怎么会有关系呢？来，让甲骨文提示一下。你看，“五”的甲骨文与“王”字相似，也具有代表天地的两横，中间的“X”呢？许慎解释为：“阴阳在天地间交午也。”即阴阳二气在天地之间交错。

能量交换无处不在。譬如，岩石圈表面的海洋、湖泊、河流的水经蒸发，加上植物的蒸腾作用，变成水汽，在空中凝结成云。云越积越厚，越积越重，终以雨、雪、霜等方式，把水“还”回地面。水又经过地面或地下，汇入茫茫大海，如此往复循环。伴随这一过程的，有时候还包括风的辅助（即水汽输送）。地理学家将这一过程称为“水循环”。

◎水循环

在《西游记》中，孙悟空被压的地方叫五行山，偷吃人参果的地方叫五庄观。人参果具有“遇金而落，遇木而枯，遇水而化，遇火而焦，遇土而入”的特性。唐僧穿的叫“五色锦襕袈裟”。“五行”的思想渗透到了中国人生活和观念的方方面面。但仔细深究，你会发现孙悟空的金箍棒原是“定海神针”，用于测量水深，与水利有关；猪八戒的九齿钉耙，原是农民用于翻地的草耙；至于紫金红葫芦、羊脂玉净瓶、幌金绳、芭蕉扇等各式武器或“宝贝”，都与农业工具或农村生活有关。

“五行”的思想在农业中有丰富的体现。比如要种庄稼，就得熟知五谷（稻、黍、稷、麦、菽），掌握五气（风、寒、暑、湿、燥），选择五种地形（山林、沼泽、丘陵、平原、湿地），辨认五季（春、夏、长夏、秋、冬）；要去打猎，离不开空间方向感，由此有了五方（东、南、西、北、中）；要去畜牧，得熟稔五畜（羊、鸡、牛、犬、猪）；要发展林果，则离不开五果（李、杏、枣、桃、栗）……可以说，“五行”的思想体现在农业的方方面面。

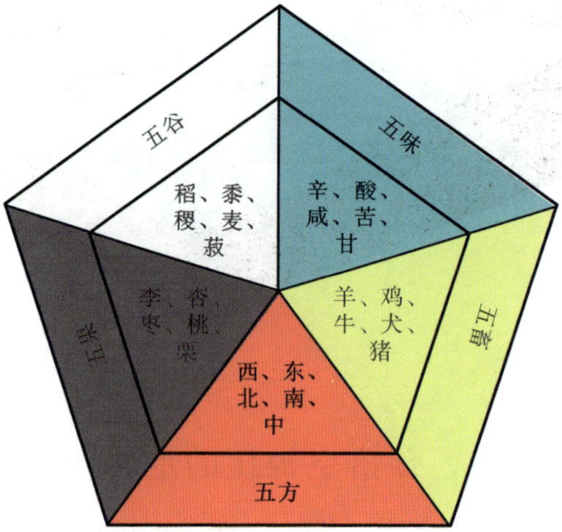

◎“五行”的思想在农业中的部分体现

当然，如果从更大的农业文化来说，“五行”的应用场景更加广泛。以五行与五气相配来看：东方生风，风生木；南方生热，热生火；中央生湿，湿生土；西方生燥，燥生金；北方生寒，寒生水。这种配法很明显源于对地理气候的直观经验，我国东部地区多海风，南部地区酷热，中部长江一带温湿，西部地区干燥少雨，北部地区寒冷。

再看看五行和颜色。东部靠海，水汽充足，草木茂盛，代表色为青色或绿色，寓意着希望；南部纬度较低，如广东、广西、台湾均有北回归线穿过，烈日炎炎，代表色为红色，寓意着炙热、壮阔；西部多矿石，代表色为白色，寓意着成熟、收获；北部常有雷暴雨（一种冷锋雨），代表色为黑色，寓意着冷酷、无情；中部地区以黄土高原、华北平原为主，代表色为黄色，寓意着质朴、敦厚。

知识拓展

五色土壤

你觉得“五行”是玄学吗？其实不然。“五行”有着具体的实践基础，它既可以从宏观的角度解释地理事物，也适用于相对较微观的层面。

就拿与农业密切相关的土壤来说，古人眼中中原地区的陕西与河南一带是典型的黄土区域；我国南方地区有红壤；北方地区有黑土地；西部有许多盐渍土，干燥时土壤呈白色，西北大面积的沙丘、灰钙土、漠钙土等土壤的颜色也较浅；东部地区的土壤在湿润时呈现为青灰色。

这些都说明五行与“天人合一”本就是在实践中总结出来的地理哲学。你还能想到哪些案例呢？

再看中华饮食文化。老子在《道德经》中就说“五味令人口爽”，表示过度追求各种酸、甜（甘）、苦、辣（辛）、咸会麻痹人们的味蕾，反而使人难以体会到真正的美味。

从地理的视角看，“东辣西酸”“南甜北咸”的现实分布，恰恰是“天人相关”的表现。以山西人为例，他们能吃醋，可谓“西酸”之首。每次吃饭前，会先把醋瓶子拿过来，喝三调羹以“解馋”。改革开放前，每逢春节，别处都供应一点好酒，山西的油盐店却都贴出一个条子：“供应老陈醋，每户一斤。”有人来给姑娘说亲，母亲会先问：“他家有几口酸菜缸？”

我国北方地区，特别是黄土高原一带的水土中含有大量的钙。这些东西通过吃食进入人体后，容易在体内形成结石。人们经过长期的实践发现，多吃酸性食物有利于减少结石等疾病的发生。久而久之，这些地区的人们也就养成了爱吃酸的习惯。

喜辣的食俗多与气候潮湿的地理环境有关。我国东部地处沿海，冬春阴湿寒冷，尽管四川并不处于东部，但其地处盆地，更是潮湿多雾。这种气候导致人们感觉湿热，难以排出汗液，时间久了，还易患上风湿寒邪、脾胃虚弱等病症。吃辣椒能令人浑身出汗，汗液自然随之排出，达到驱寒祛湿、养脾健胃的效果，对健康极为有利。总之，我们可以清晰地看到，在古代“王”权社会，“天人相关”的核心理念体现得淋漓尽致。

虽然我们今天已经步入信息化、智能化时代，但“人”与“大自然”的和谐共处之道仍然是我们应从农业社会中汲取的经验。农业社会中积淀下来的文明经验，引导人们各司其职、各得其所，帮助人们正确对待困难，使自我处在适度、适时、适当，平和、健康、向上的精神状态中。

祖先的智慧，在今天依旧熠熠生辉。

地理知识提要：

★ 人地协调观是地理课程要培养的核心素养之一。

★ 水循环体现着不同圈层之间的物质循环与能量转换。

★ “东辣西酸”“南甜北咸”的现实分布，恰恰是“天人相关”的表现。

[字源]

年，谷孰也。

——《说文解字》

[字解]

“年”的甲骨文上部是一个“禾”字。禾是谷物的总称，每年收获的丰歉，就看禾的生长及收成了。下部是一个弯着腰的人，看起来正背着沉甸甸的穗。整幅画面象征着庄稼丰收。“年”最早表示庄稼成熟，即“年成”。古时候，我国中原地区的禾一般都是一年一熟。

从字形的演变上来说，“年”的甲骨文和金文都是上“禾”下“人”，战国文字有所变化，到篆书之后，字体基本定型，不再有明显变化了。

[字变]

甲骨文 金文 战国文字 篆书 隶书 楷书

[字说地理]

时空坐标

传说有只名叫“年”的野兽，十分凶猛。它比骆驼还大，跑起来像一阵风一样，叫声比雷声还要吓人。本来凶一点也无妨，但年兽见人就吃，见牲畜就攻击。

万幸的是，年兽一年只出来一次。后来，有人发现噼里啪啦的鞭炮声可以吓走年兽；还有人发现，它见到红颜色的衣裳掉头就跑。于是人们纷纷用这些东西来吓它。气喘吁吁、惊魂未定的年兽刚想到一户人家的屋檐下休息，却被门缝里透出的蜡烛光刺得头晕眼花，无可奈何之际，它跑进山里，再也不敢露面了。

◎年兽手绘图

这则传说不少人都听过。有观点认为，“年”正式作为一个盛大的节日，出现于周朝；把“年”作为“新年”，也就是一年的起首，则是在汉朝。南朝之后，才有相对丰富的关于年俗的记载。

由于禾常常一年一熟，慢慢地，“年”就用来表示时间了。农民每当收割完庄稼后，常常要庆祝一下丰收，这个节日就是“年”。“年”的确定，体现了农业社会中的一种文化和古人的一种心理。

“年”从表示“庄稼成熟”到变成一种节日，意义一变再变，其中的重要节点，就是春节的确定。“年”与“春节”的合并，只有100多年历史。1912年1月1日，孙中山就任中华民国临时大总统后，宣布改用公历，并将这一天定为民国元年元旦；到了1914年1月，民国政府内务部提请“定阴历元旦为春节”。至此，“元旦”和“新年”指公历1月1日，而阴历岁首改称“春节”。

“年”是四季的轮回。古时，人们对一年的时间精度要求不太高，通过观察月圆月缺的周期大致推断时间即可。这种计算方式叫“阴历”，计算出的一年约354天。但进入农业社会后，再这样计算时间就会遇到麻烦。因为真正的一年约是365天，若按阴历去播种、锄草、收割，每年都差十几天，时间一长，显然就与客观规律不符了。

所以，我们今天说的“年”也好，“农历”也好，均不是阴历的产物，而是综合了太阳、月亮运行的结果，不妨叫作“阴阳合历”。如何综合呢？根据月相变化判断，这是阴历的应用；而对不同的季节轮换，则以二十四节气来表现，以“立春”为始，以“大寒”为终，这得靠观察太阳在天空的位置变化，即地球围绕太阳公转的结果，所以是阳历。

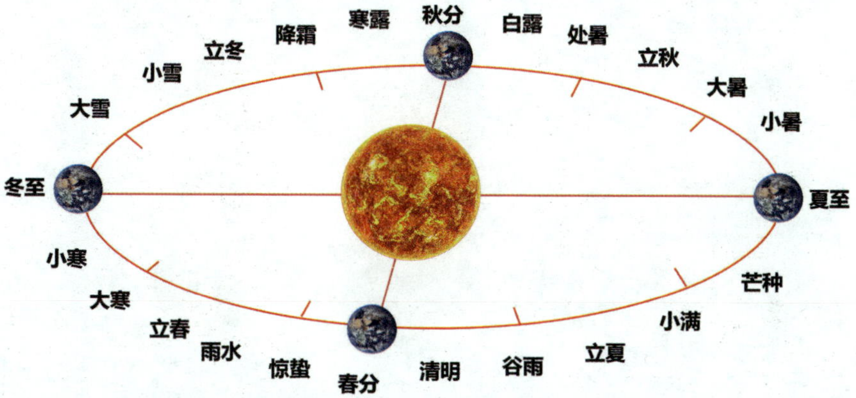

◎地球绕太阳一周为一年，历经24个节气

“年”是中国农业社会的智慧结晶，也是中国人对世界做出的杰出贡献。二十四节气是中国独有的阳历历法，也是对“年”的进一步诠释和表达。2016年，二十四节气被联合国教科文组织正式列入《人类非物质文化遗产代表作名录》。二十四节气以地球绕太阳公转的轨道（黄道）的360度为基础，每15度设一个节气。这就如同人们把地球表面均分成24等份，每一份叫一个“时区”一样。节气和时区，都是为了找到一个“时空坐标”：每当到了某个时间节点，人们就知道该做什么事。

传统农业非常讲究“不误农时”，耕、耘、收、藏都对“时节”有严格要求，创立二十四节气的最初目的即服务于农业。二十四节气抓住了气温、降水、日照三个关键气象要素，并将它们写进节气名称中。其中，反映气温的有立春、立夏等九个节气，提醒人们不同季节的气温变化；而雨水、谷雨、白露、寒

露、霜降、小雪、大雪七个节气描述了降水变化，强调“水”对农业生产的重要作用。

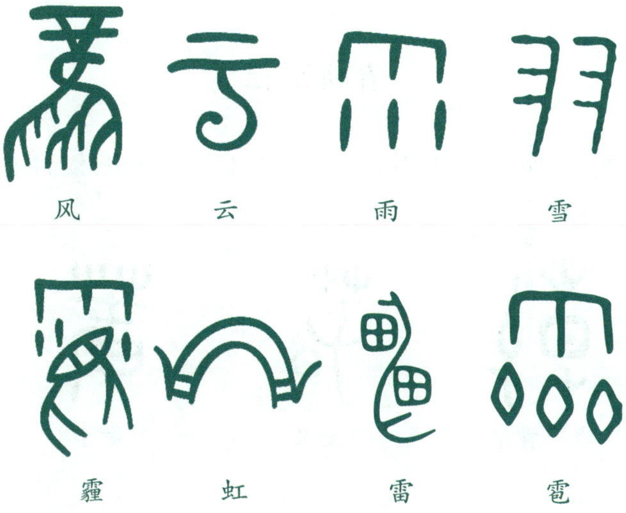

◎甲骨文里的“天气”

需要说明的是，由于我国幅员辽阔，不同地区在具体运用二十四节气时是不一样的。例如，每到冬小麦的播种期，河北省平原地区的特点是“白露早、寒露迟，秋分种麦正当时”；而河南省中部则为“骑寒露种麦，十种九得”；到了湖北省，又变为“霜降到立冬，种麦莫放松”。看来，对于任何前人总结的规律，都需要因地制宜、因时制宜地运用，这也恰是由地理学科的“时空观”决定的。

在我国，每当度过一轮二十四节气，就称为“年”或“春节”。当然，我们也听过“清明”“重阳”等其他节日，但就文化内涵来说，“年”更加深厚。“年”字中有“禾”，“禾”不是某一种植物或庄稼，而是整个农业文明的凝聚。在春、夏、秋、冬的四季轮换中，它的身影无处不在。下面我们具体说说四季吧。

春耕夏耘

我们看看“春”字在甲骨文、金文、篆书的模样：

◎甲骨文 ◎金文 ◎篆书

在甲骨文里，“春”的写法和“朝”字有点相像，有太阳，有小草，只是“春”的右半边是一颗上部正在使劲儿冒芽、下部正在拼命扎根的种子。甲骨文中的“春”字由“草”“屯”“日”三个部件构成。到了金文里，这颗种子（“屯”）被画在了下面，上面是两棵小草，右下方是太阳。

在篆书中，构成“春”的草、屯、日的三个部件已非常清晰了。我们知道，“日”是时间的象征，“草”是草木的代表，“屯”是草木初生的形态。这三者组合在一起，表示草木得阳光照耀而生的时候为春。不妨想象一下图景：阳光明媚，万物复苏，草木染绿，一切都是那么生机勃勃啊！

“屯”字，它在甲骨文中像种子破土的样子。在小篆中，“屯”由上“一”下“屮”组成。怎么解释呢？《说文解字》中提到："__"象征冰封的大地，坚实难破；下面的""像草芽之形。""下方有个弯曲的尾巴，代表种子正在大地下艰难地破土而出。"屯"是草木蓄势、艰难破土之象，因此有"屯聚"之义，人类聚居之地也因之又被称为"屯"。

但你可能不知道的是，"春"字中的"屯"，可不是随便画出来的，它特指禾苗。在中国人的文化观中，"四季"从不是一个空洞的词语，而是有着明确目标或指向的实体——你看，连"四季"的"季"都带着"禾"呢！

春天最重要的任务，就是抓紧农时，开展农耕。在以农为本的中国人眼中，禾苗的勃勃生机是"春"的精神所在。在《礼记》中，春天适宜学诗；在《论语》里，学生"暮春者，春服既成，冠者五六人，童子六七人，浴乎沂，风乎舞雩，咏而归"的理想，让孔子大加赞赏。从文化内涵上说，"春"的含义是生机勃勃与意气风发，寓意着用辛勤的努力开启美好的新征途。

依据侯温划分法，连续5天的日平均气温稳定在10℃以上，才算进入真正的春天。二十四节气中的第一个节气叫作"立春"，虽然名字里有个"春"字，但那一天（阳历2月3、4或5日）能符合以上标准的区域，只占全国面积的很少一部分。

实际上，立春之时，大多数地区天气还是比较冷的。真正春暖花开，须等到春分（3月20日或21日）之后。春分之"分"，代表昼夜平分，春分过后，白昼会渐渐变长，虽然温度攀升的趋势不会变，可气温会变得跌宕起伏，很不稳定。民谚中的"倒春寒”，就发生在这一时期，人们诙谐地评价它：“好不容易熬过了冬天，却差点儿冻死在春天。”所以，“春”虽然象征着希望，但它来得不易，一路曲折。这或许便是大自然的哲学吧。

目前，很多国家将春分定为春季的开始，甚至不乏视其为一年之首的。“夜半饭牛呼妇起，明朝种树是春分。”从春分开始，人们明显忙碌起来，生活节奏加快了。

再来看看“夏”。它的甲骨文、金文“款式”较多，其中有代表性的如下图所示：

金文1

金文2

◎金文“夏”

上方左图“画面”有点魔幻：一个长头发、大眼睛、赤着脚的农人，手里正拿着一个锄头之类的工具。显然，他正在田间不辞辛苦地劳作呢！上方右图的上端画着一个很大的头，表示一个人正在思考；中部是正在劳动的手；右下角还有一个翻土的农具，名叫耒（lěi）。在汉字家族中，“耒”是一个重要部首，如“耕耘”“钉耙”等常见词语中，多能见到它。

夏季的代表节气是夏至，在每年的6月21日或22日。夏至时，北半球的昼长达到最长，在北极圈内甚至出现了极昼现象。相比春季来说，夏季，我国的气温和降水都明显增加。

夏季是全国各地农忙的高潮。在夏至前后，正是早稻抽穗扬花、棉花现蕾、蔬菜水果丰收的旺季。农事也分出不同的类别：华北地区的人们需要对玉米锄草、防治病虫；西北地区的人们则要对玉米、谷子等追加肥料；华南地区的人们则忙于插秧；黄淮地区的人们正在浇灌、培土。

◎正在插秧的农民

如此看来，将“夏”字创造为劳作的农夫形象实不为过。夏朝的开国君主夏禹有治水之功，如果比同于农业，他可以算作一名水利专家。实际上，6月时，长江中下游地区已先后进入汛期，日照较少，同时有可能伴有低温天气。“圩田好作，五月难过”的农谚，描述了农民对没完没了的雨水的忧虑。

这段时间对应的节气叫“芒种”，时常有龙卷风、冰雹、大风、暴雨、干旱等极端天气，不利于农作物的生长和收获。所以，人们必须“忙种”（“芒种”的谐音）：抢收、抢晒，确保颗粒归仓。“谁知盘中餐，粒粒皆辛苦。”农民种点粮食实在太不容易。

◎芒种晒麦

文化加餐

夏雨隔牛背

南宋时，平江府昆山县（今苏州市昆山市）夏季常发大水，隔壁的常熟却总是大旱，百姓苦不堪言。上级官员知道后，觉得两地紧邻，却“水旱如此相背”，以为是戏言，没当回事，直接驳回了灾情报告。后来，有人辗转把此事禀告丞相，丞相也不相信。再后来有人无奈哭诉：“昆山日日雨，常熟只闻雷。”轮番抱怨后，丞相才相信世间真有这样的奇事，便着手处理此事。

老百姓常说“夏雨隔牛背”，意思是一场夏雨过后，牛背的一边被淋湿，另一边却丝毫不受影响。究其缘由，

◎夏季雷雨

关键在于夏雨的成因。夏雨大多是热雷雨或阵雨。地面受热后，空气对流运动强劲，地面的水汽不断输送至高空，凝成雷雨云，热雷雨由此而来。

地面各部分的物理性状不同，气温也有高有低。例如，森林草原地区温度低，不毛之地温度高；柏油大道温度高，煤渣马路上温度低。所以即使在极小范围之内，空气对流的强弱差别也可能很大。空气的对流运动在一个地方可以形成雷雨云；在另一个地方却可能是“干响雷不下雨”。加上雷雨云的影响范围普遍不大，常常不过几平方千米，所以“城南下雨城北干”就不足为奇了。

“夏”也出现于历史上的诸侯国国名、城池名、朝代名等中。“夏”始终都有表示夏季之意。夏季是万物生长的时节，对应人的一生，就是指奋斗、开创一番事业的重要阶段。许慎在《说文解字》中写道：“夏，中国之人也。”中原地区的人在古时被称为夏人，甚至后来整个中华民族都用“华夏”来表示，中华儿女便叫作“华夏子孙”。时间（夏季）、空间（中国）、人（华夏人）在此达成了统一，这不就呼应了前文所说的“王”字了吗？

毫不夸张地说，“天人相关”既是地理学的核心观点之一，也是对中国哲学和文化的杰出贡献。但永远不要忘记的是，从根本上说，这些智慧都是一代代农夫“种”出来的。

秋收冬藏

说完春、夏，再聊秋、冬。“秋”的左边是“禾”，右边是“火”。秋天庄稼成熟，一方面要注意因天干物燥而引发的火灾；另一方面又可以通过焚烧秸秆的方式堆肥，以便来年获得更好的收成。

依据候温划分法，连续5天的日平均气温小于22℃且大于10℃，即进入春、秋季。我国则一般以二十四节气的“立秋”为秋季的起点。进入秋季，降雨、湿度等趋于减少或下降，气温更是显著下降。

以北京为例，与盛夏相比，9月的雨水减少了大约七成，10月更是减少了八成以上。“秋高气爽”这一气象总结还是有一番道理的。总的来说，由于秋季气温下降，蒸发量减少，空气中的水汽不多，这让云彩不再厚重，天空的通透性、洁净度提高，抬头望天，你会发现“白色的棉花糖”丝

◎秋高气爽的景象

丝缕缕，高远淡薄，实在美极了！

“秋分白云多，处处是好禾。”因稻禾成熟，“秋”又成为丰收的代名词。金色的大地、金色的麦穗、沉甸甸的果子等都是秋天的象征。在这个美好的季节，农民粮谷满仓的愿望得以实现，硕果累累自然成了秋天的形容词。

因此，很多带有“秋”字的词语都和收获、富足有密切的关系——既可以是物质上的富足，也可以指精神上的满足。比如成语“春华秋实”，即指植物春天开花，秋天结果，后又用来比喻文采与德行。

但是，对许多一年生的草本植物来说，秋天意味着生命走到了尽头。草木凋敝，万物枯萎，不由得让人心生凄凉、萧瑟、孤寂之感。我国大部分地区属于季风气候，从夏到秋的气候变化比较明显。秋雨、秋风使生命由盛转衰，色彩渐渐变得黯淡，这对人们的心理也产生了很大影响。元代散曲大家马致远的《天净沙·秋思》通过对秋景的生动刻画，抒发了羁旅之愁、思乡之情等各种情感。千百年来，“中秋节”常蕴含着强烈而难以抑制的思念、团聚、祝福之味，也算是“天人相关”的表现吧！

“冬”是一年中最后一个季节，其甲骨文写作“”，就好像在一根绳子的两端各打一个结，以示“终了”。所以，“冬”即“终”。“冬”在四个表示季节的汉字中是唯一一个无法找到“禾”的踪迹的字，理由也很简单：此时，“禾”已经化作粮食，成为人们度过寒冷冬天的保障。

冬季的时候，太阳在北半球的照射角度比较小，北半球整体温度都偏低。你知道“冬”字下面的两点代表什么吗？原来，古人发现，水上的浮冰在互相撞击的时候，往往形成倒“V”字形，甲骨文“冰”就像两块这种形状的冰。实际上，“冬”字下面的两个点，就是简化版的“冰”，类似的如冷、冻、凉、凌等汉字，都和“冰”有关。那么，我国的冬天到底有多冷，是不是处处结冰呢？我国南北温差较大，大致是纬度越高，气温越低。1969年2月13日，黑龙江漠河还出现了全国极端低温——-52.3℃，2023年1月22日，更是出现了历史极值-53℃。

◎“冰”的字变

冬至是冬季最重要的节气之一。它在二十四节气中位列第二十二，日期在12月22日前后。冬至，意味着开始进入寒冷的时节，但一年之中最冷的一段日子可能得等到“冬至”过后，即元月。

这又是为什么呢？其实，在夏秋季，地面就已经积蓄了一定的热量，入冬以后，地面虽大量散热，但还可以从积蓄的热量里得到一些补偿。冬至以后，地面积留的热量几乎散失殆尽，白天地面吸收的热量也弥补不了冬夜散失的份额。就这样，天气一天天地冷起来了。

所以在民间，人们从冬至开始“数九”，来计算天气寒冷的日子。从冬至这一天开始，人们以“九天”作为一段，每九天为一个“九”，依次称为“一九”“二九”“三九”……一直到“九九”，共81天。一般来说，最冷的日子在“三九”，俗话说“热在三伏，冷在三九”，正是此意。即便如此，冬天，人们依旧没有闲着，而是想方设法地给农作物做好保温防冻工作。在东北、华北地区，人们兴修水利，增加蓄水量，用地膜、秸秆或砾石覆盖在土层表面，减少土壤水分消耗；在长江中下游的麦田里，人们追加施肥、清理沟渠；在云南、贵州、四川等西南地区，人们则给小麦松土、灌溉；在温暖的华南地区，人们正在播种甘蔗呢……

◎被覆上地膜的蔬菜

“冬藏”，是祖先对冬季“天人相关”的高度概括。冬天，给农作物保温防冻，给土壤增肥成为一时基调，而在文化、思想与生活领域，班固在《汉书》中写道：“冬至阳气起，君道长，故贺。”意思是说，冬至一到，阳气便开始兴起，积极、有序的力量开始不断发展。“冬”之“藏”是为了累积和蓄势，以便来年取得更大的收获。所以，带着这样的美好愿望，家人团聚、备办佳肴、祭祀祖先、欢庆畅饮，往往成为冬日里不可或缺的“风景”。

“年年岁岁花相似，岁岁年年人不同。”寒冬即将过去，春天还会远吗？当我们历数一“年”的春夏和秋冬，看尽农田桑陌、万里草原，是不是觉得自己在融入万物的同时，作为地球之子，还应该做得更多、更好呢？

地理知识提要：

★ 地球围绕太阳运动一周即为一年。

★ 春分日，白天与黑夜的时长相等，气温常不稳定，农业生产已经开始。

★ 夏至日，北半球的白昼时长达到一年中的最大值。夏至农忙正当时。

★ 秋分日，白天与黑夜的时长相等，降水量、气温显著下降，农业进入收获季。

★ 冬至日，北半球的白昼时长达到一年中的最小值，农业活动以保障性、修整性、服务性为主。